Resilienz

Das kleine 1x1 psychischer Widerstandskraft

Mit dem 7 Säulen-Prinzip Resilienz trainieren, Stress bewältigen, Depressionen vorbeugen und innere Stärke aufbauen

Nora Sandberg

1. Auflage

2019

Inhaltsverzeichnis

Vorwort

Resilienz ist nicht nur von großer Bedeutung für jeden von uns. Resilienz ist auch erlernbar. Diese Erkenntnis hat sich in den letzten Jahren durchgesetzt. Resilienz ist die psychische Widerstandskraft, Krisen zu bewältigen und aus diesen gestärkt hervorzutreten, ohne Schaden an der Seele zu nehmen. In groß angelegten Studien wurden sieben Faktoren ermittelt, die eine resiliente Persönlichkeit ausmachen. Zu diesen 7 Säulen der Resilienz gehören Optimismus, positives Denken und Akzeptanz, aber auch Verantwortungsbewusstsein und soziale Kompetenzen. Wenn alles gut gelaufen ist, haben Deine Eltern Dir schon als Kind eine große Portion Resilienz mit auf den Weg gegeben. Resilienz für Kinder ist ein Thema, dass viele Erwachsene sehr ernst nehmen. Doch auch, wenn das nicht geschehen ist, ist nicht alles verloren. Spätestens in Situationen ständiger Überforderung wird es Zeit, sich selbst um Resilienz zu bemühen. Depressionen, Stress und Burnout zwingen den Menschen dazu, sich mit seiner seelischen Widerstandskraft zu befassen.

Die eigene Widerstandskraft kannst auch Du stärken, wenn Du die Regeln der Selbstfürsorge und des liebevollen Umgangs mit Dir selbst befolgst.

Dieses Buch richtet sich an Dich, wenn Du den Willen hast, Dein Leben selbst in die Hand zu nehmen. Resiliente Menschen verharren nicht in der Opferrolle. Sie können und wollen sich nicht länger damit zufriedengeben, dass ihr Leben nicht in den gewünschten Bahnen verläuft. Statt sich in der Opferrolle einzurichten, stehen sie für sich gerade und schlagen einen neuen Kurs ein. Sie lernen, dass sie ein Recht auf Hilfe und Zuspruch haben und nicht immer alles können müssen. Das richtige Vorgehen für ein Resilienz-Training wird in diesem Buch durch zahlreiche Praxistipps für den Alltag konkret und verständlich erklärt. So kann die Kraft der eigenen Seele Tag für Tag gestärkt werden. Stress und Konflikte können Dir weniger anhaben und Krisen werfen Dich nicht gleich aus der Bahn. Die Folgen sind ein gestärktes Selbstvertrauen und ein gesunder Optimismus. Resilienz aufzubauen lohnt sich. Lebensfreude, innere Sicherheit und das Wissen um die eigene Stärke sind durch nichts zu ersetzen. Schon mit wenigen kleinen Veränderungen kannst Du Deine Resilienz steigern.

Das Wissen um Resilienz und ihren Aufbau kommt dabei nicht nur dem Einzelnen zugute. Eltern können Resilienz von Anfang an in den Familienalltag integrieren und so ihren Kindern schon früh innere Stärke vermitteln. Aber auch in der Berufswelt bekommt der Begriff eine immer größere Bedeutung. Aufgrund des enormen Anstiegs psychischer Erkrankungen in der heutigen Zeit, haben viele Konzerne die Chance im Resilienz-Training erkannt und bieten gezielt Workshops an, um ihre Mitarbeiter zu stärken.

Wenn Du das kleine 1 x 1 der psychischen Widerstandskraft erlernst, bist Du beruflich und privat in der Lage, Krisen als Chancen zu erkennen. Es fällt dir leichter, zu Dir zu stehen und Deine Bedürfnisse zu erkennen. Resilienz ist ein Thema, das jeder für sich selbst anwenden kann und an andere weitergeben darf, soweit es notwendig ist. Sie bietet dem Individuum neue Entfaltungsmöglichkeiten, die direkt und indirekt auf das soziale Umfeld wirken und für ein positives Klima sorgen. Wie Du Deine Resilienz im Beruf und im Privaten trainieren kannst, zeigt dir dieses Buch. Entscheide Dich jetzt, Dir ein Leben mit innerer Stärke, Zufriedenheit und Glück zu erschaffen indem Du die hier aufgeführten Strategien Schritt für Schritt in die Tat umsetzt. Ich wünsche Dir dabei viel Spaß und Erfolg!

Definition von Resilienz

Resilienz in der Physik - *Rückkehr in die Ursprungsform*

Resilienz kommt aus dem Lateinischen und bedeutet so viel wie zurückspringen oder abprallen. Wenn Du das Wörtchen, das sicher viel mehr als eine Modeerscheinung darstellt, jedoch aus der Welt der Physik betrachtest, dann werden damit hochelastische Stoffe bezeichnet, die je nach Zustand der Verformung immer wieder in ihren Ursprungszustand zurückkehren. Stelle Dir also einen Softball vor, den Du leicht nach innen drückst. Aus seiner Beschaffenheit heraus springt der Ball jedoch von sich selbst wieder zur runden Form zurück, wenn Du ihn loslässt. Zur Ursprungsstärke auch bei Krisen zurückzuspringen bedeutet, dass Du resilient bist und trotz einer schweren Zeit den Glauben an das Gute nicht verlierst.

Resilienz in der Psychologie -

Krisen mit innerer Stärke begegnen

Resilienz ist zudem ein Begriff aus der Psychologie, der unsere psychische Widerstandskraft ausdrückt. Damit soll diese ganz besondere Gabe gemessen werden, Krisen zu bewältigen und sie durch das Zurückgreifen auf die eigenen Ressourcen als Entwicklungschance zu sehen. Persönliche und soziale Werte, die wir in unseren Genen verankert haben, spielen also eine Rolle dafür, wie wir schwere Zeiten meistern können. Doch – ist es nun doch genetisch bedingt, ob wir in Krisen Durchhaltekraft und Stärke beweisen oder nicht?

Nein – denn immer wieder wird von Resilienz-Training gesprochen! In der Tat können wir es trainieren, wie wir Krisen meistern und resistenter gegen Stress werden. Wären es nur die Gene der Menschen, die unsere gesamte Entwicklung im Leben bestimmen, könnten wir nicht lernen, unser Verhalten bei Stress zu verändern. Diverse Persönlichkeiten aus dem öffentlichen Leben haben bewiesen, dass gerade gemeisterte Schicksalsschläge stark machen und diese Menschen mit einer gewissen Lebenserfahrung ein hohes Maß an Resilienz besitzen.

Manche Menschen scheinen ein unsichtbarer Schutzschild vor sich herzutragen, wenn sie so schnell nichts aus der Bahn wirft. Andere Leute hingegen zerbrechen schon fast innerlich, wenn Sie kleine Hürden im Leben meistern sollen. Dabei vergessen wir, dass die augenscheinlichen Stehaufmännchen durchaus schwere Krisen gemeistert haben, aus denen sie irgendwann mehr als gestärkt hervorgingen.

„Man muss erst einige Male sterben, um wirklich leben zu können."

- Charles Bukowski -

Nach dieser Meinung könnte man denken, dass Krisen uns erst resilient machen und innerlich so lebensfähig, dass wir zu wahren Persönlichkeiten werden. In der Tat haben auch bekannte Redner und Prominente, die als stark, intelligent und selbstsicher gelten, schon viele Krisen bewältigt.

Das Leben des Dr. Christian Peter Dogs

Der Psychiater und Arzt, der sich öffentlichen Diskussionen zum Thema Resilienz stellt, wurde selbst als kleiner Junge vom Schicksal geplagt. Nach einer Vita von schwerem Missbrauch und Gewalt in der eigenen Familie wurde er schwer traumatisiert in ein Heim gesteckt. „Im Heim war alles nur noch schlimmer“ sagt er noch heute über diese Zeit. Christian Peter Dogs war zeitweise abhängig von Drogen in Kreisen der Vergangenheit, die seine Kindheit elementar prägten. Nach seiner Ausbildung zum Masseur und Bademeister studierte er Humanmedizin. Seit 1994 arbeitet er als Facharzt für Psychiatrie und Therapeut. Kenntnisse in der psychosomatischen Medizin, diversen Naturheilverfahren, Techniken der Psychotherapie und die traditionelle chinesische Medizin (TCM) interessieren ihn noch heute sehr, obwohl er 2016 seine Tätigkeit in Scheidegg als Chefarzt und ärztlicher Direktor beendet hat.

Der Autor und Facharzt rund um die Naturheilkunde weiß heute, wenn er zum Thema Resilienz befragt wird:

„Meine Krisen waren ein Geschenk. Sie haben mich stark gemacht und es ist wichtig, immer im richtigen

Moment die Menschen an seiner Seite zu wissen, die einem in diesem Augenblick Unterstützung bieten. Dieses Glück wurde mir geschenkt!"

An diesem Beispiel alleine ist schon zu erkennen: Es liegt unter anderem an der eigenen Sichtweise, die wir an den Tag legen, ob wir uns innerlich stressgeplagt fühlen oder nicht.

Ist das Glas halb voll oder halb leer?

Diese Frage hast auch Du sicher schon mehr als einmal in Deinem Leben gehört. So könnte auch Dr. Peter Dogs sagen: „Ich bin vom Schicksal geschlagen! Meine Kindheit war die Hölle – womit habe ich das nur verdient?" Diese „Opfer-Rolle" nehmen viele Menschen gerne ein, die als nicht besonders resilient gelten. Wie hingegen spricht Peter Dogs von seiner Vergangenheit, jetzt, viele Jahre später? Er bezeichnet seinen Schicksalsschlag heute als tiefes Glück für seinen Lebensweg. Er weiß es jetzt zu schätzen, dass er die richtigen Förderer und Menschen an seiner Seite hatte, die ihm „irgendwie zum richtigen Zeitpunkt schon weiterhalfen!"

Du siehst also: „Unglück im Glück" oder „Glück im Unglück" - das ist reine Definitionssache. Die Grundlagen der Vita von Dr. Christian Peter Dogs waren gut. Als Sohn des Arztes Wilfried Dogs, der bereits 1950 ein Sanatorium im Harz für Psychosomatik gegründet hatte, waren seine Voraussetzungen mehr als geebnet für ein geordnetes, liebevoll geführtes Leben mit guter Erziehung. Doch die oft augenscheinlich wunderbare Welt hat nicht selten einen harten Kern, der die bittere Wahrheit nicht auf den ersten Blick erkennen lässt.

An diesem Beispiel von Dr. Christian Peter Dogs siehst Du schnell: Krisen machen stark. Dennoch will keiner darüber reden, wie man sie wirklich überstehen kann. Vielmehr möchten wir ihr entkommen, unsere Kinder vor Gefahren und Unheil schützen, was ja auch völlig normal ist.

Es gibt zahlreiche Beispiele von Menschen, die erfolgreich Krisen überstanden haben. Sie konnten durch harte Schicksalsschläge erst zu der Persönlichkeit werden, die sie heute sind. Ein weiteres Beispiel: Denke an Natascha Kampusch. Die heute junge Autorin und Moderatorin war in den wohl tragischsten Fall der langjährigen Freiheitsberaubung verwickelt, den es in Europa je zu verzeichnen gab. Kampusch wurde 3096 Tage lang in Strasshof an der Nordbahn (Niederösterreich) festgehalten, indem sie viele Jahre im Keller gefangen gehalten und zuvor entführt wurde. Diese traumatische Erfahrung würde andere Menschen wohl völlig zerbrechen lassen. Nicht so Natascha Kampusch – sie ordnete ihr Leben und arbeitet heute als erfolgreiche Autorin und Schmuckdesignerin, die mitten im Leben steht.

Vielleicht findest Du auch in Deinem Bekanntenkreis oder sogar, wenn Du Dich selbst betrachtest, resiliente Persönlichkeiten. Krisen überstehen viele von uns – mehr oder weniger. Dennoch kann jeder von uns im Resilienz-Training erlernen, den Krisen des Alltags besser standzuhalten. In diesem Buch findest Du hierfür gute Möglichkeiten, Deine Grenze der Belastbarkeit zu stärken.

„Wenn die Krise alles verfinstert hat, werden Kinder des Lichts die Sterne anzünden!"

- Phil Bosmans (1922 – 2012) -

Resilienz auf den Punkt gebracht

Du weißt jetzt, dass Resilienz erlernbar ist und nicht nur die Gene bestimmen, wie Du in schweren Zeiten Dein Leben meisterst. Wir alle können von anderen profitieren, aber vor allem uns selbst so entwickeln, dass wir resilienter werden. Resilienz-Training heißt, an sich zu arbeiten und seine Persönlichkeit weiterzuentwickeln. Gelingt uns dies, können wir mit mehr Ruhe und Gelassenheit Krisen meistern. Unser gesamter Alltag gewinnt hierbei an Lebensqualität, wir vermeiden Wutausbrüche und innere Aggressionen. Wer weiß – vielleicht kann der ein oder andere mit einem aktiven Resilienz-Training Burnout oder Depressionen vermeiden und selbst seinen Gefühlen einen größeren Stellenwert beimessen als je zuvor? Fakt ist: Prävention ist der beste Weg, den Ausbruch von schwerwiegenden Krankheiten zu verhindern. Achte auf Dich und Deine Seele - davon profitiert auch Dein Körper – und zwar auf ganzer Linie!

ERSTER TEIL

-

Das 7 Säulen-Prinzip

Resilienzfaktoren verstehen

Wenn Du selbst ein Training in Sinne der Resilienz durchführen willst, stellen die sieben Säulen der Resilienz die wichtige Basis hierfür dar. Die sieben Säulen können auch den Selbstwert und die innere Stärke unterstützen, die wir Menschen alle brauchen, um selbstbewusst unser Leben zu meistern. Dabei kommt es auch darauf an, die sieben Säulen, die auch als Resilienzfaktoren bezeichnet werden, genau zu definieren.

Die Forschung rund um die Resilienz beschreibt damit die Selbstsicherheit, das Selbstbewusstsein, die innere Stärke und das Selbstvertrauen der Menschen. Dabei kommt es nicht darauf an, wie selbstsicher Menschen auf andere wirken und wie sie sich gut darstellen können, sondern wie es um den inneren, tiefen Selbstwert in der Seele aussieht. Forschungen haben gezeigt: Viele von uns funktionieren im Alltag, wirken souverän, sicher und stark, zerbrechen jedoch völlig bei aufkommenden Krisen. Wie kann das sein? Ganz einfach – schon sind wir beim Thema Resilienz. Viele Menschen verdrängen in schweren Situationen, sei es beruflich oder privat, ihre wahren Gefühle. Permanent verdrängte Wut oder traumatische Erlebnisse, die niemals aufgearbeitet wurden, machen uns nicht besonders resistent gegen Stress – ganz im Gegenteil. Ständig verdrängte Gefühle können das Fass zum Überlaufen bringen – wir erkranken an Ängsten, Burn-out, Depressionen oder geraten in den Strudel anderer psychosomatischer Erkrankungen. Das Bild, das die Außenwelt von uns hat, spiegelt also nicht unser Innenleben wider. Hier geht es um Deine tiefe innere Stärke und den Selbstwert, den Du in Deiner Seele spürst.

Wenn der Selbstwert im Keller ist und wir uns nur über die Bestätigung von anderen definieren, gelten wir also nicht als besonders resilient. Jeder dieser folgenden sieben Resilienzfaktoren kann für sich alleine betrachtet werden. Dennoch solltest Du die sieben Säulen der Resilienz als gesamtes Werk sehen, das Dir Selbstvertrauen und Souveränität schenkt, mit Krisen gut umzugehen. Das Resilienz-Training baut auf diesen sieben Säulen auf, die Dir jetzt im Detail vorgestellt werden:

1. Säule: Optimismus - *Die Grundlage zum Leben*

„Es gibt keine Gedanken und keine Situationen, die man nicht überprüfen kann“

- Byron Katie -

Wer sich vor psychischen Krankheiten wie Depressionen, Ängsten oder Burnout schützen möchte, sollte in erster Instanz an seiner Einstellung arbeiten und sich darin üben positive und klare Gedanken zu fassen. Optimismus ist die erste Säule, um Resilienz zu trainieren. Du kannst mentale, innere Stärke gewinnen, wenn Du Deine Gedanken klar ordnest und lernst, optimistisch zu denken. Kennst Du den Satz: „Meine Einstellung prägt mein Verhalten?“ Genau das ist die Basis zum Glück, damit Du Deine Gelassenheit trainieren kannst. Der erste Schritt für Dein Resilienz-Training ist also: Sehe das Gute im Schlechten und übe Dich in Gelassenheit.

Positives Denken -
Chef/in der eigenen Gedanken

Du bist nicht Sklave Deiner Gedanken. Dreh den Spieß um: Positive Gedanken kann jeder selbst erzeugen, bestehende Glaubenssätze ändern ist nicht schwer.

Folgende Beispiele zeigen Dir wie Du ganz einfach negative Gedanken in positive umwandeln kannst:

A) Du denkst Dir: „Ich bin zu dick und muss dringend abnehmen. Warum jedoch scheitere ich an allen Diäten und lande immer im Jojo-Effekt, warum halte ich nicht dauerhaft durch?" Dieser Ansatz ist grundlegend negativ. Du kannst Deine Gedanken wie folgt optimistisch gestalten, indem Du Dir sagst: „Gut, dass wir genügend zu essen haben. Ich lebe zwar nicht in meinem Traumkörper, aber es ist immer noch besser, als nicht genug zu essen zu haben. Ich sehe das jetzt nicht mehr so verbissen und beginne jedes Kilo an mir zu lieben! Es macht mich in meinem Wesen aus. Wenn ich Lust und mehr Energie zum Fasten habe, werde ich locker abnehmen, da ich weiß, wie stark ich bin! Body Positivity liegt total im Trend, ich kann mir da eine Scheibe von abschneiden."

B) Du jammerst, weil Du gerne ein Musikinstrument spielen willst, Dich aber für unmusikalisch hältst? Sage Dir nicht: „Ich bin wohl zu dumm, um nach Noten Klavier spielen zu lernen“ oder „Meine Finger sind zu ungelenk, damit ich ein Instrument wie Gitarre oder Klarinette vernünftig spielen kann!“ Wie wäre es mit folgender Grundhaltung zum Thema Musik? Sage Dir Sätze vor wie: „Ich singe jetzt unter der Dusche, wie es mir gefällt. Schließlich kommt es nicht darauf an, wie gut ich singe, sondern ob ich mit Freude und Spaß singe!“ oder „Es macht nichts, wenn ich nicht perfekt Keyboard spielen kann. Schließlich kommt es nur darauf an, dass ich Spaß am Musizieren finde und je mehr ich über umso besser werde ich auch.“ Außerdem gilt es, Dir kleine Ziele zu setzen und Dich im Herzen zu erfreuen, wenn Du kleine Aufgaben erreichst. Schritt für Schritt erfolgt der Weg zum großen erfüllten Ziel.

C) Du schimpfst, weil Du am frühen Morgen bei schlechtem Wetter aus dem Haus musst, um Deine Arbeitsstätte zu erreichen? Bitte lamentiere nicht darüber, dass es heute schneit, regnet oder stürmt. Sage Dir stattdessen: „Gut, dass ich warme Kleidung habe. Sie schützt mich vor Kälte und Nässe. Andere Leute haben nicht genug Mittel, um sich vernünftige Kleidung zu kaufen oder sind Umweltkatastrophen ausgesetzt, die sie völlig lähmen, überhaupt zur Arbeit zu kommen. Wie gut geht es mir im Vergleich zu diesen Menschen." Auch eine andere Sichtweise wäre hilfreich für positive Gedanken wie: „Super, dass ich eine vernünftige Arbeitsstelle habe, die mir weitgehend Spaß macht. Wenn ich im Büro ankomme, dann genieße ich erst einmal einen schönen, heißen Kaffee, der mich aufwärmt und den kurzen Plausch in der Kaffee-Küche mit den Kollegen!"

Affirmationen - *„Wer schreibt, der bleibt"*

An den oben beschriebenen Beispielen siehst Du schon: Es gibt genug Dinge, wie Du eine bestimmte Tatsache positiv oder negativ sehen kannst. Das berühmte Glas, das halb voll oder halb leer ist, kannst Du selbst so befüllen, wie es Dir und Deiner Psyche dient. Jede Krise birgt auch etwas Gutes in sich. Es gilt nur, diesen positiven Faktor zu erkennen. Auch, wenn Dir dies nicht an jedem einzelnen Tag in Deinem Leben gelingen mag: Schrittweise kannst Du es selbst erlernen, optimistischen Gedanken in Dir mehr Raum zu geben als tiefen Missmut auszuleben.

Wie gelingt Dir das? Sammle positive Affirmationen, die Du Dir in Morgenritualen vorsagst. Hierbei können Dir schöne Sprüche und Zitate helfen wie:

„Inmitten von Schwierigkeiten liegen günstige Gelegenheiten."

- Albert Einstein-

oder:

„Die meisten sind so glücklich, wie sie selber beschließen zu sein."

- Abraham Lincoln -

Doch auch selbst erfundene Affirmationen, die Du Dir an Deinen Spiegel im Badezimmer heftest, können für innere Stärke sorgen. So kannst Du Depressionen vorbeugen und selbst in Deinen Seelenfrieden finden. Was ist der Vorteil an selbst kreierten Affirmationen, die zu Dir passen? Du kannst Sie jeden Tag neu schreiben und auf Deine Situation anpassen, so dass Du voll und ganz hinter diesen Gedanken stehst. Außerdem hilft die Tatsache: „Wer schreibt, der bleibt" ganz erheblich dabei, dass sich die guten Gedanken in Deinem Geiste manifestieren. Wenn Du diese Sprüche so oft wie möglich im Alltag siehst, indem Du sie zum Beispiel an den Kühlschrank pinnst oder in Deiner Geldbörse mit Dir trägst, verfestigen sich die positiven Gedanken in Deiner Seele. Ein paar Beispiele dieser Affirmationen, die zum Resilienz-Training gehören:

„Ich schaffe alles, was ich will!"

„Ich bin eine starke Persönlichkeit, die nicht bei jedem Windstoß umfällt!"

„Mich bekommt keiner klein. Heute nicht, morgen auch nicht und übermorgen schon ganz und gar nicht!"

„Meine Stärke liegt darin, dass ich nicht aufgebe. Die Welt braucht Kämpfer wie mich, auch, wenn sie nicht immer siegen können."

„Ich bin schön, so wie ich bin. Jedes Muttermal an mir darf geliebt werden."

„Natürlich bin ich manchmal etwas chaotisch. Doch das liebevolle Chaos macht mich zu einer einzigartigen Persönlichkeit, die es sonst nirgends zu finden gibt."

„Auch, wenn ich nicht mehr ganz jung bin, liebe ich jede Falte an mir, weil sie eine kleine Lebensgeschichte erzählen kann."

Merkst Du etwas an diesen Glaubenssätzen? Sie sind so ausgewählt, dass Du Dir selbst mit Liebe begegnest. Liebe ist der Schlüssel für mentale Stärke. Ohne Selbstliebe kein Selbstbewusstsein. Ohne innere Selbstsicherheit kannst Du kaum die Basis für ein aktives, sinnvolles Resilienz-Training finden. Beginne also mit Dir selbst, wenn Du resilienter werden willst. Liebe Dich, schätze Dich, ehre Dich. Nehme Dich und Deine Bedürfnisse ernst. Lasse Deinen Gefühlen freien Lauf, um sich dann wieder ins richtige Lot zu rücken. Gute Gedanken gegenüber Dir selbst machen Dich stolz.

Denke an das, was Du hast, und nicht permanent an die Dinge, die Dir fehlen.

So wirst Du zu einem dankbaren, zufriedenen Menschen, der an charismatischer Ausstrahlung nur gewinnen kann. Was spricht dagegen, Dir noch heute ein paar sinnvolle Strategien auszudenken, wie Du Deinen Alltag jeden Tag erneut mit positiven Gedanken ausschmücken kannst? Schon jetzt wünsche ich Dir dabei: Viel Spaß und Erfolg. Weitere Ideen für eine erfolgreich durchgeführtes Stress-Management, das Deine Wiederstandfähigkeit stärkt, werden Dir im Laufe dieses Buches vorgestellt.

Verliere niemals den Glauben an Dich. Jede Krise birgt eine große Chance in sich – die Chance zu Veränderung in ein besseres, glücklicheres Leben als Du je zuvor geführt hast.

Praxistipp:
Positives Denken

Nimm Dir einmal am Tag Zeit um Dir Dinge zu notieren, die an diesem Tag besonders schön waren. Das können ganz kleine Ereignisse sein, die Dir heute aufgefallen sind oder an die Du Dich mit einem guten Gefühl zurückerinnerst. Zum Beispiel die feste Umarmung Deines Kindes bevor es aus der Haustür zur Schule ging, dass Dein Partner Dir am Morgen einen Kaffee ans Bett gebracht hat oder aber auch dass Dein Chef Dich für etwas gelobt hat. Im ersten Moment scheinen diese Ereignisse nicht der Rede wert, aber schon bald wirst Du merken, dass dieses Aufschreiben dieser alltäglichen Ereignisse eine tiefe Dankbarkeit und Glückseligkeit in Dir auslösen wird. Du kannst diese Gedanken in einem Achtsamkeitsbüchlein oder in einem Notizheft festhalten.

Resümee

Deine Einstellung zum Leben hast Du selbst in der Hand. Überlege Dir schöne Bilder, Affirmationen oder wunderbare Rituale am Morgen, die Deinem Wohlbefinden dienen. Begegne Dir selbst jeden Tag mit Liebe, Achtsamkeit uns Dankbarkeit. Du selbst und Deine Gedanken helfen Dir dabei, innere Stärke zu gewinnen. Das Achtsamkeitstraining beginnt damit, dass Du Dir selbst und Deinem Leben jede Menge schöne Gedanken schenkst. Versuche das Hier und Jetzt mit all Deinen Sinnen bewusst wahrzunehmen, ob beim Wäsche zusammenlegen, beim Spielen mit Deinen Kindern oder bei einem Gespräch mit der oder dem LebensparterIn.

Denke an Deine Stärken und nicht an Deine Schwächen. Mache Dir bewusst, was Du hast und denke nicht permanent darüber nach, was Dir fehlt. Wetten, dass genau das der Schlüssel zum Glück ist, um ein dankbares, erfülltes und zufriedenes Leben zu führen?

2. Säule: Akzeptanz - *Du kannst es nicht ändern. Liebe es so, wie es ist!*

Liebe, was ist!

- Byron Katie -

Gerade nach Schicksalsschlägen müssen wir eines lernen: Die Sache so anzunehmen, wie sie ist. Das ist nicht immer leicht – doch bei nicht änderbaren Situationen der einzige Schlüssel, der zählt, wenn Du resilienter werden willst. Die Frage nach dem großen „Warum“ bringt uns nicht weiter, auch wenn sie nachvollziehbar ist. Dennoch fragen sich viele Menschen ganz automatisch im Laufe ihres Lebens immer wieder, warum sie das Leben führen und weshalb das Leben bei Gleichaltrigen völlig neue, augenscheinlich „bessere“, Karten spielt.

Fehler machen - *innere Stärke gewinnen*

Hast auch Du Dir schon Fragen gestellt wie „Warum ist ausgerechnet mir das passiert?“ oder „Weshalb habe ich nicht aufgepasst, und diesen dummen Unfall selbst verursacht?“ Sicher kommt es Dir nicht unbekannt vor, dass man versucht, gerade Fehler aus der Vergangenheit zu hinterfragen. Dabei solltest Du unbedingt wissen: Fehler zu begehen, macht uns in Krisen stark!

„Wenn ich mein Leben noch einmal leben könnte, würde ich die gleichen Fehler machen. Aber ein bisschen früher, damit ich mehr davon habe."

- Marlene Dietrich -

Du siehst: Aus Fehlern lernen wir am meisten. Das heißt im Umkehrschluss, dass resiliente Menschen vorwiegend gestärkt aus begangenen Fehlern herausgehen. Dinge zu akzeptieren ist ein wichtiger Schritt um sich nicht selbst aufzugeben. Jedes Schicksal bringt ein Weh und Ach mit sich, doch es liegt meist an unserer Grundhaltung, wie wir Dinge annehmen bzw. akzeptieren.

Hadere nicht mit Deinem Schicksal oder plage Dich mit Schuldgefühlen über Fehler, die nicht mehr rückgängig zu machen sind. Diese Säule der Resilienz ist sehr wichtig. Denn nur, wenn wir Tatsachen wirklich annehmen können, wagen wir im Anschluss einen Neuanfang in eine aussichtsreiche Zukunft. Wer allzu lange in vergangenen Gedanken lebt, kann sich nicht weiterentwickeln.

Praxistipp:
Dem Leben achtsam begegnen

Dankbarkeit ist der Schlüssel zum Glück. Manifestiere mithilfe von Hypnose oder Mediation das tiefe Gefühl der Dankbarkeit. Für welche Dinge kannst Du heute schon dankbar sein? Schreibe Dir 5 Elemente auf, damit Du in Dir positive Gedanken findest. Dies kannst Du zum Beispiel jeden Tag in einem Notizbuch oder Achtsamkeitsbuch manifestieren. Auch kleine Ereignisse in Deinem Alltag, wie etwa eine liebe Umarmung Deines Partners, ein anerkennendes Lob Deiner Chefin oder auch ein stürmischer Schmatzer Deines Kindes können ein gutes Gefühl der Dankbarkeit in Dir auslösen.

Resümee

Akzeptiere die Dinge, die nicht mehr rückgängig zu machen sind. Achte darauf, im Hier und Jetzt zu leben und nicht permanent über die Vergangenheit nachzudenken. Wie heißt es so schön? Leben müssen wir vorwärts – Erfahrungen sammeln wir, wenn wir Rückschau halten.

Karl Barth weiß völlig zurecht in seinem Zitat:

„Freude ist die einfachste Form der Dankbarkeit"

Lerne aus diesen Erfahrungen und aus Deinen Fehlern. Akzeptanz von Krisen ist der erste Schritt für einen Neuanfang in ein besseres, zukunftsorientiertes Leben. Bitte denke an Dich und an Dein Wohlbefinden – egal, was Du erlebt hast. Du willst Deine Resilienz stärken? Dann ist Akzeptanz im Hier und Jetzt ein elementarer Schritt zum Erfolg!

3. Säule: Lösungsorientierung - *Es gibt immer einen Weg.*

„Follow your instincts"

- Motto aus Krieg der Sterne -

Lösungen zu suchen und diese zu finden – das ist die Kunst, wenn Du Dich selbst im Resilienz-Training neu entdecken möchtest. Kreative Lösungen gibt es für jede Situation. Manchmal helfen uns andere Menschen dabei, gemeinsam an einer guten Lösung zu arbeiten. Wie gelingt es Dir, Deinen Fokus auf eine Lösung zu legen und nicht in der Starre des Problems zu verharren?

Entscheidungen treffen

Keine Frage – wir alle formen unsere eigene Wirklichkeit. Dabei gibt es nicht selten einige Optionen, die alle zum Ziel führen. Wäge hierbei genau ab, welche Lösung mit welchen Vor- und Nachteilen verbunden ist. Wenn Du ein schwieriges Lebensereignis zu meistern hast, sammle viele Ideen wie Du Deine Situation verbessern kannst. Oft neigen wir dazu in Selbstmitleid zu schwelgen. Dies ist nicht der richtige Weg um Deine Resilienz zu steigern.

Ein paar Beispiele, die Dir die Entscheidungsfindung und das Suchen nach Lösungen aufzeigen:

A) Dieter erhält die Diagnose: Krebs. Ein Schock ergreift ihn, wie soll er klar denken, was kann er tun? Der erste Schritt ist die Akzeptanz der schweren Situation. Solch eine Diagnose muss erst einmal verkraftet werden um Entscheidungen treffen zu können. Erst wenn Dieter die Diagnose angenommen hat, kann er lösungsorientiert und optimistisch nach Therapieformen suchen, die sich am besten eignen. Hierbei ist der Austausch mit verschiedenen Fachärzten sinnvoll. Irgendwann muss Dieter eine Entscheidung treffen. Ob dieser eingeschlagene Weg dann richtig ist, stellt sich oftmals erst im Nachgang heraus. Wer nach Lösungen sucht, sollte auf alle Fälle einen wichtigen Punkt niemals vergessen: Der Schlüssel I der Resilienz-Säulen. Optimismus und der gute Glaube daran, dass Dinge gelingen, aktiviert unsere Selbstheilungskräfte. Gefühle und die innere Einstellung sind oft wichtiger als das, was der Verstand steuert.

B) Nadja ist 14 Jahre alt und fühlt sich in der Schule gemobbt. Ihre Angst-Zustände werden immer größer und die Eltern möchten gemeinsam mit Nadja eine Lösung zu suchen. Natürlich ist es wichtig, den Teenager in diesem Alter in die Lösungen mit einzubinden. Ein Schulwechsel, ein Austausch mit Psychologen oder intensive Gespräche mit anderen Eltern, möglicherweise als Ritual durchgeführt, können hier eine gute Lösung darstellen. Probleme sind da, um Lösungen zu finden. Diese bieten wiederum die Chance zu einem Neuanfang, damit Nadja zu einer starken und resilienten Persönlichkeit heranwachsen kann.

C) Tamara ist eine erfolgreiche Frau, die in einem großen Grafik-Designstudio arbeitet. Mit ihrem Ehemann will sie die gemeinsamen Kinder so erziehen, dass sie zu eigenständigen, resilienten Menschen werden. Im Perfektionismus gefangen, weiß Tamara manchmal nicht mehr, wo ihr der Kopf steht. Sie will sich vor Depressionen und dem Burnout schützen, doch im Job werden die Anforderungen immer größer, während ihr Ehemann ihr vorwirft: „Ich verdiene den größten Lebensunterhalt für unsere Familie. Ich kann meine Interessen nicht permanent zurückstellen, damit die Kinder pünktlich zur Nachhilfe kommen und sie danach zu ihren

Freunden oder zum Sport fahren. Auch die Hausaufgaben-Betreuung bleibt zurzeit weitestgehend an mir hängen – das kann so nicht weitergehen!" Bevor es zum Eklat kommt und Tamara zu stark unter den Strapazen des Alltags leidet, sollte eine Lösung gefunden werden. Der Spagat zwischen Familie und Beruf ist für viele Erwachsene oftmals eine große Herausforderung. Die Strapazen im Job werden immer höher, kaum zu ertragen ist der Leistungsdruck, dem erfolgreiche Mitarbeiter ausgesetzt sind. Eine Lösung könnte jedoch auch eine Chance darstellen, in sich ruhiger und gelassener zu werden. Egal, ob Tamara weniger Stunden als GrafikerIn arbeitet oder eine Kinderbetreuung für Entlastung sorgt – es gibt genug Möglichkeiten, nicht im Jammertal zu versinken, sondern tatkräftig an der Situation etwas zu verändern. Aktivität tut den meisten Menschen gut, die nachhaltig aus ihrer Krise entfliehen möchten.

An diesen Beispielen siehst Du: Negativ denkende Menschen sehen Probleme und keine Lösungen. Lösungen als Herausforderungen im Leben anzusehen – das ist ein wichtiger Schlüssel im Resilienz-Training, den jeder beherzigen sollte.

Praxistipp:
Entscheidungen treffen

Alle wohlüberlegten Entscheidungen sind besser als vor sich hergeschobene Entscheidungen, die niemals getroffen werden. Schreibe Dir alle Einfälle auf und wäge ab, welche Lösung idealerweise zum Ziel führt. Gehe dann Deinen Weg und treffe aus einem Gefühl heraus die richtige Entscheidung.

Resümee

Höre auf Deine innere Stimme. Sie weist Dir den Weg, welche getroffene Entscheidung Dir zu einem guten Lösungsweg verhilft. Auch Du kannst aktiv darin werden, Dich selbst in Sachen Stress so zu trainieren, dass Dich so schnell nichts mehr aus der Bahn wirft. Welche Aktionen helfen Dir dabei, im Alltag resistenter gegen innere Verzweiflung zu werden? In den zahlreichen Tipps findest auch Du Strategien, die zu Dir passen.

4. Säule: Die Opferrolle verlassen - *Realisiere Deine Stärken!*

„Wer sich zum Honig macht,
den benaschen die Fliegen!"

- Sprichwort -

Manchmal fühlen wir uns im Leben vom Schicksal betrogen. In der Tat gibt es immer wieder die sogenannte Täter- und Opferrolle, in die wir zu bestimmten Zeiten geraten – ob wir es wollen oder nicht. In der Tat gehört es zur Aktivierung Deiner psychischen Widerstandskraft und zur Gewinnung innerer Stärke unbedingt mit dazu, auch einmal Opfer zu sein. Vielleicht stellst auch Du Dir manchmal Fragen wie:

- *„Warum nur werde ich immer wieder ausgenutzt im Alltag?"*
- *„Weshalb passiert mir immer wieder der gleiche Fehler?"*
- *„Immer wieder suche ich mir die falschen Lebenspartner aus. Warum nur?"*

Du bist kein Opfer - *Dreh den Spieß um!*

Jeder von uns kann in eine Opfer-Rolle geraten. Resilienz zu trainieren heißt, dieser Opfer-Rolle so schnell wie möglich zu entfliehen. Opfer wirken zart, schutzlos und scheinen das Unglück magisch anzuziehen. Das sorgt dafür, dass Menschen in Krisen nicht selten vom Regen in die Traufe geraten.

Denke Dir immer: Starke Persönlichkeiten, die innere Stärke besitzen, sind keine Opfer. Sie waren jedoch vielleicht mal Opfer und konnten dieser Rolle wieder erfolgreich entkommen.

Was kann Dir helfen, aus der Rolle des Schwachen zu entfliehen? Auch hier zählt: Sei aktiv! Trau Dich, aus der misslichen Situation herauszukommen und denke an Dich und Dein Vorhaben: Es wird alles besser werden! Ziele, aktive Lebenspläne und die Chance, an Deinem Leben nachhaltig etwas zu verbessern, hat jeder von uns – egal, wie schwer Dir die missliche Situation auch erscheinen mag. Wer die Opferrolle verlässt, kann sein Selbstbewusstsein stärken. Das hilft Dir dabei, innerlich mit Dir Frieden zu schließen und selbst zu neuen Taten aufzubrechen.

Praxistipp:
Innere Stärke in schweren Krisen

Denke an Natascha Kampusch – was hat sie hinter sich und welche selbstsichere Frau steht heute vor Dir? Natascha Kampusch konnte sich nur so entwickeln, da sie sich entschieden hat: „Ich bleibe kein Opfer!"

Suche Dir auch weitere Persönlichkeiten, die Dir als Vorbilder in Sachen Resilienz-Training dienen. Warum ist das wichtig? Von diesen Idealen kannst Du Dir abschauen, wie Du Dich in bestimmten Lebenskrisen verhalten kannst. Es gibt viele prominente Menschen, die ihrer Opferrolle schneller als gedacht entkommen sind – allerdings nur durch ihr eigenes Zutun. Der Schauspieler Christopher Reeve dient hier als perfektes Beispiel. Was bestimmte das Schicksal des mittlerweile verstorbenen „Superman"-Darstellers? Natürlich war der Schauspieler sehr sportlich, alleine schon aufgrund seines Jobs als heldenhafter „Superman". Seit einem tragischen Reitunfall war er vom Hals abwärts gelähmt. Natürlich war das ein schwerer Schicksalsschlag und am Anfang war Reeve aufgrund dessen mehr als verzweifelt, ihn quälten Suizid-Gedanken. Doch irgendwann überwand er seine Krise schließlich und setzte sich aktiv für behinderte Menschen ein. So ein Vorbild kann sich jeder Mensch suchen, um an seinem Schicksal nicht zu zerbrechen. Ich bin mir sicher: Auch in Deinem nahen Umfeld gibt es Menschen, die schwere Krisen gemeistert haben. Tausche Dich mit Gleichgesinnten aus und finde dabei Kraft-Quellen, die auch Dir persönlich weiterhelfen. Kein Mensch muss immer Opfer sein – Aktivität heißt: Raus aus der Opferrolle. Wer weiß: Vielleicht willst auch Du als ehemaliges Opfer bald als Vorbild beim Resilienz-Training für andere agieren?

Resümee

Nicht selten entstehen aus einer Krise heraus neue Möglichkeiten, die uns stark machen. Das hilft uns, selbstsicher unsere innere Widerstandskraft zu steigern. Wer sich gut und selbstbewusst fühlt, entflieht automatisch der Opfer-Rolle! Sei kein Opfer – nimm Dein Schicksal selbst in die Hand!

5. Säule: Verantwortung übernehmen - *Handle und sei aktiv.*

„Scheitern ist nicht so schlimm. Schlimm ist, nichts versucht zu haben“

- Heinz Eggert -

Wer seine Resilienz stärken will, der ist aktiv. Keine Frage – nach einem puren Schock, in dem wir uns manchmal verzweifelt einem Schicksal ausgeliefert fühlen, kehren wieder andere Zeiten ein. Schuldgefühle gehen mit einer Krise meist einher – doch denke Dir bitte immer, wenn Du Deine Resilienz stärken willst: „Ständige Zweifel und Schuldgefühle bringen mich jetzt nicht weiter! Ich muss nach vorne sehen, Verantwortung für das übernehmen, was geschehen ist und aktiv an einem besseren Leben arbeiten.“

Schuldgefühle ablegen und Emotionen annehmen

Resiliente Persönlichkeiten haben ggf. etwas Zeit benötigt, um ihre Wut oder die Trauer zu verarbeiten. Manchmal gelingt es uns, die Trauer ganz abzulegen. Gerade dann, wenn wir durch einen Todesfall einen uns wichtigen Menschen verloren haben, begleiten uns die Gefühle an ihn oft ein ganzes Leben lang. Allerdings heißt Verantwortung zu übernehmen, die Emotionen als solche zu akzeptieren, auch die schmerzhaften. Außerdem werden Zorn, Trauer oder Wut im Laufe der Zeit anders. Schmerzen sind nicht immer gleich stark und strapazieren unseren eigenen Seelenfrieden kontinuierlich gleich. Das Leben birgt Höhen und Tiefen. Wer aktiv darauf achtet, was ihm guttut, ist auf dem richtigen Weg in Sachen Resilienz-Training. Grübeleien oder Selbstvorwürfe sind der falsche Weg, sich für die innere Stärke aktiv einzusetzen.

Praxistipps:

Verantwortung für Dein Leben übernehmen

Das stärkt Dich nicht nur seelisch, sondern kann Dich auch körperlich so beflügeln, dass Du Dich dabei ganz neu kennenlernst.

- Treibe Sport! Sport hilft uns allen, die Blutzirkulation zu aktivieren und Stress abzubauen. Wir können Wut, Zorn und Aggressionen dabei loswerden, ohne anderen Menschen zu schaden. Betreibe den Sport, der zu Dir und zu Deiner Persönlichkeit passt.
- Gönne Dir Pausen. Hier sind Meditation und Achtsamkeitstraining die Schlüsselwörter. Achte darauf, Dir täglich Zeit zur inneren Einkehr mit Dir selbst zu nehmen. Dies können kleine Achtsamkeitsübungen, Atemübungen, Yoga oder Meditation sein. Probiere verschiedene Techniken aus um herauszufinden, was Dir guttut und Dir innere Ruhe verschafft.
- Rede mit Menschen über Deine Gefühle, die Dir wohlgesonnen sind und denen Du vertraust. Nicht jeder von uns braucht einen Therapeuten oder einen Psychologen, um seine Resilienz zu

stärken. Manchmal hilft es schon, mit einem guten Freund zu sprechen, der es gut mit Dir meint.

- Suche Dir ein Hobby, das nur Dir guttut. Wusstest Du, dass Singen, Summen, Gurgeln und alle Aktivitäten rund um Musik für die Seele pures Gold wert sind? Höre auf Deine innere Stimme und mach das, was Dir Spaß macht! Zeige, dass Du Dich aktiv um Dich und Deine innere Stärke kümmerst. Das heißt, Verantwortung für Deinen tiefen Seelenfrieden zu übernehmen.
- Tanze, lache, male, schreibe, sei kreativ: Es gibt viele Präventionsmaßnahmen, die Dir helfen, dass Du Dich austoben kannst, ohne am Stress zu zerbrechen. Egal, ob jung oder alt: Wir alle brauchen Aktivitäten, die unser Selbstbewusstsein stärken.
- Engagiere Dich ehrenamtlich, wenn es Dir guttut. Zeige anderen, wie aktiv Du bist und dass Du an sozialen Kontakten interessiert bist. Suche Dir Freunde, die ähnliche Interessen verfolgen und schon geht es los: Radelt gemeinsam um die Wette, besucht ein Museum oder ein Konzert. Lasse Dich inspirieren von Dingen, die Dich innerlich stärken. Wetten, damit wirst Du Deinen inneren Selbstwert steigern – und zwar auf ganzer Linie?

- Zeige Interesse an neuen Sprachen, anderen Kulturen oder Trips durch Städte, die Du noch nie im Vorfeld erkundet hast. Aktiv zu sein heißt, Neues auszuprobieren. Gerade dann, wenn wir uns aus einer misslichen Lage befreien möchten, kannst Du Dich immer fragen: „Was kann mir schon dabei passieren, mich wieder auf neue Entdeckungen einzulassen?"
- Wer unzufrieden im Job ist, sollte sich überlegen, ob ein totaler Cut nicht besser ist, als im Jammertal des Alltags zu verelenden. Fest steht allemal: Der Spruch **„Love it, leave it or change it!"** ist oft ein guter Weg, seine Resilienz zu verbessern. Stelle Dir vor, Du musst immer als eingedrückter Softball im Beruf funktionieren. Warum solltest Du nicht Deine gesamten Ressourcen nutzen und Deine ganze Kraft im runden Softball in seiner Ursprungsform zur Schau stellen? Es ist Gift für das eigene Stress-Management, wenn wir uns nicht selbst aus einer misslichen Lage befreien. Die Chance zum Neuanfang zu nutzen – das liegt an Dir!

Natürlich sind auch hier nur Beispiele genannt, wie Du Deine Resilienz trainieren kannst. Höre auf Deine innere Stimme. Dein Bauch-Gefühl sagt oft mehr als 1000 gut gemeinte Ratschläge von Therapeuten. Achte Dich und Deine Emotionen und denke Dir: „Ich nehme mein Leben aktiv selbst in die Hand und zeige allen, welche Power in mir steckt!“

Resümee

Veränderungen und Aktivität gehören zu jedem Leben. Wir lernen alle dann, wenn wir den Mut zur Veränderung in uns tragen. Denke Dir, dass Dein Leben viel zu kurz ist, um nicht alle Möglichkeiten für Dich so zu nutzen, damit Du zum Lebensende sagen kannst: „Das habe ich versucht! Ich habe erst im Nachgang erfahren, dass ich es hätte anders machen können. Dennoch habe ich jede Menge genau durch diesen Lebensweg gelernt. Ich bin stolz auf mich, den Mut zum Neuanfang bewiesen zu haben!“

6. Säule: Netzwerkpflege - *Ein stabiles Umfeld ist wichtig.*

„Leute, die für alles Verständnis haben, bieten keinen Halt"

- Wolfgang Joop-

Du denkst Dir, dass Deine Mitmenschen nicht für Dich und Deine innere Stärke verantwortlich sind? Ja und Nein. Natürlich musst Du Dein Leben selbst in die Hand nehmen, damit Du Dinge meisterst, die zu tun sind. Du bist Du. Niemand denkt, fühlt und handelt so wie Du. So bist natürlich auch Du, wenn es um die Resistenz geht, für Dich selbst verantwortlich. Jeder Mensch trägt selbst sein Glück auf seinen Schultern. Allerdings ist es durch diverse Forschungsergebnisse wissenschaftlich klar nachgewiesen: Menschen brauchen ein soziales Umfeld, das ihnen Stabilität schenkt. Wir alle sind von Natur aus keine Einzelkämpfer, die ganz alleine durch die Welt marschieren sollten. Die meisten von uns brauchen Menschen, die sie ab und an in den Arm nehmen und sich wirklich für das Seelenleben des anderen interessieren.

Raus aus der Einsamkeit

Somit steht fest: Einsamkeit macht auf Dauer krank. Wer Krankheiten wie Depressionen vermeiden möchte, sucht sich ein soziales Netzwerk, das ihm weiterhilft, wenn es zu schweren Situationen im Leben kommt. Von Grund auf fühlen sich die meisten Menschen in einer Partnerschaft wohler, als Single und Einzelkämpfer durchs Leben zu marschieren. Eines ist klar: Nicht immer haben wir es in der Hand, welche Karten das Leben mit uns spielt. Manchmal stehen Trennungen an, die uns von jetzt auf gleich den Boden unter den Füßen wegreißen. Und jetzt? Was bleibt sind Leere, Einsamkeit oder eine missliche Lage, an die wir uns erst gewöhnen müssen.

Singles müssen nicht einsam sein, während Paare und Familien sich glücklich in der Gemeinschaft fühlen. Manche Paare leben einsam nebeneinander her, ohne sich etwas zu sagen. Andererseits gibt es genügend agile Singles, die einen großen Bekanntenkreis pflegen und sich in Vereinen oder Gemeinden engagieren. Egal, was Du auch tust: Achte darauf, umgeben von den Menschen zu sein, die Dir wohlgesonnen sind. Löse Dich hingegen von toxischen Persönlichkeiten, die Dir mehr Energie rauben, als sie Dir jemals schenken können. Gute, soziale Kontakte kannst Du in allen Lebenssituationen finden. Pflege Freundschaften. Mache Dich stark in Vereinen oder engagiere Dich für Dinge, die Dir am Herzen liegen.

Ehrliche Freundschaften geben Dir Dinge auf Deinem Lebensweg mit, die Du vielleicht im ersten Augenblick nicht hören willst. Ehrliches Feedback jedoch ist ein Geschenk. Nimm dieses Geschenk an, um für Dein Leben zu lernen und denselben Fehler nicht immer und immer wieder zu begehen. Du kannst von ehrlichen Rückmeldungen aus dem Kreise der Familie oder von guten Freunden nur profitieren. Lerne für Dich und für Dein Leben. Du solltest Dich dabei auf die Menschen konzentrieren, die mit Dir am gleichen Strang ziehen und nicht die, die Dir mit Schadenfreude, Neid oder Missgunst begegnen. Wetten, dann ist für Deinen inneren Seelenfrieden ein guter Weg geebnet?

Praxistipps:
Soziale Kompetenz fördern

- Umgebe Dich mit den Menschen in Deine Familie, die Dich lieben. Egal, ob Du in einer Partnerschaft lebst oder nicht: Liebe brauchen wir alle im Leben, damit wir innere Stärke tanken können. Allerdings ist hierbei folgende Frage elementar von Bedeutung: Wie stark ist die Liebe zu Dir selbst? Natürlich ist mit ehrlicher Selbstliebe keinesfalls gemeint, dass wir Menschen uns in Narzissten verwandeln sollten.

- Welche Vereine interessieren Dich und welche Möglichkeiten gibt es in Deiner Umgebung, gemeinsam Sport zu treiben, zu musizieren oder kulturelle Interessen zu teilen? In der Gemeinschaft machen viele Dinge mehr Spaß als alleine.
- Wie sieht es mit guten Freundschaften aus, die Du pflegst? Im Zeitalter der sozialen Medien posten und chatten wir oftmals miteinander, obwohl wir eigentlich nebeneinander her leben. Wäre es hier nicht sinnvoller, ab und an die reale Kommunikation mit einem Treffen wieder in den Alltag zu integrieren? Wir alle brauchen Menschlichkeit und Nähe. Diese lässt sich ganz sicher nicht durch die rein virtuelle Welt ersetzen. Welche Kontakte sind Dir wichtig und mit welchen Menschen tauschst Du Dich über Deine Gefühle aus?
- Mache Dich stark in Deiner Gemeinde für ein Ehrenamt oder ein Engagement, hinter dem Du voll und ganz stehen kannst.
- Netzwerke sind wichtig. Auch in der Nachbarschaft oder in der unmittelbaren Umgebung.

Auch, wenn wir nicht zu allen Menschen in unserem Umfeld ein tief vertrauensvolles Verhältnis haben: Das Leben ist einfach schöner, ab und an kleine Freuden miteinander zu teilen und sich ggf. untereinander einen Gefallen zu erweisen. Übrigens: Die meisten Menschen helfen gerne. Wenn wir helfen, fühlen wir uns wichtig und gebraucht. Helfe auch Du deshalb gerne und fordere Hilfe ein, wenn Du die Hilfe von anderen Menschen gerne in Anspruch nehmen willst.

- Mache Dich im Job stark für die Kollegen, die Dir wichtig sind. Lasse Dich nicht ausnutzen von Menschen, die Dir nichts bedeuten. Fakt ist, dass wir uns nicht immer die Menschen in unserem Arbeitsumfeld aussuchen können, mit denen wir einen hohen Anteil unserer Zeit verbringen. Du kannst Dir jedoch aussuchen, wie tief der Kontakt gelebt wird, den Du im Kreise der Kollegen pflegst.

Resümee

Soziale Kontakte sind wichtig. Achte stets darauf, Dich mit den Menschen zu umgeben, die Dir guttun. Löse Dich hingegen von Menschen, die es nicht gut mit Dir meinen. Wusstest Du, dass die wenigsten von uns zur Einsamkeit erzogen und geboren sind? Also: Resilienz-Training heißt, ein gutes, soziales Netzwerk zu pflegen. Egal, wo Du lebst und wohin es Dich im Leben auch ziehen mag: Menschen brauchen sich!

7. Säule: Zukunftsplanung - *Hast Du Ziele?*

„Was hilft aller Sonnenaufgang, wenn wir nicht aufstehen?“

- Georg Christoph Lichtenberg -

In der letzten, aber dennoch nicht zu vernachlässigenden Säule der Resilienz geht es darum, an Deine Zukunft zu denken. Welche Ziele und Pläne trägst Du in Dir? Schreibe Dir die Ziele auf, die Du unbedingt in den nächsten fünf Jahren erreichen willst. Ziele in der Formel SMART sind hierbei realistisch und helfen Dir, resilienter zu werden. Wer dem Stress des Alltags entfliehen will, setzt sich Ziele und überwacht diese in regelmäßigen Abständen.

SMART
Eine Formel zur Präzisierung von Zielen

S für spezifisch:

Schreibe Dir Deine Ziele so genau wie möglich auf. Das heißt, notiere Dir Sätze wie: „Ich will in den nächsten zwei Jahren für 4 Wochen nach Australien reisen" und nicht „Australien wäre ein Traum. Irgendwann im Leben werde ich schon noch einmal nach Sydney fliegen!" Je genauer Du Dein Ziel beschreibst, desto wahrscheinlicher, dass Du es auch erreichen wirst.

M für messbar:

Auch persönlich gesteckte Ziele sollten messbar sein. Wir kennen die Messung der Ziele oft aus der Welt im Daily Business. Doch auch persönliche Ziele können messbar sein. Schreibe Dir zum Beispiel auf: „Ich möchte in den nächsten 12 Monaten 8 Kilo abnehmen. Das schaffe ich mit einmal Sport pro Woche und einer sinnvollen Ernährungsumstellung, die auf Genuss nicht verzichtet." Das ist besser, als zu sagen: „Es wäre schön, ein wenig abzunehmen!" Je klarer in Zahlen Du Dein Ziel messen kannst, desto besser.

A für attraktiv:

Jedes Ziel sollte Dich motivieren und ansprechen, dass Du es auch wirklich erreichen willst. Es bringt Dir Vorteile, wenn Du genau dieses Vorhaben in die Tat umsetzt. Dieses Bild solltest Du täglich vor Augen tragen, damit Du weißt, warum Du in der Zukunft an genau diesem Ziel arbeitest. Bleiben wir beim Beispiel der Gewichtsreduktion. Hier kannst Du Dir zum Beispiel ein Foto an den Spiegel des Badezimmers pinnen, das Dich in einem Kleid eine Kleidergröße kleiner oder in Deiner lässigen Lieblingsjeans zeigt.

R für realistisch:

Wenn Du Deine Zukunft planst, solltest Du Dir real erreichbare Ziele setzen. Überfordere Dich nicht – aber unterfordere Dich ebenso nicht. Wenn du Schritt für Schritt ein realistisches Ziel erreichst, wirst Du Selbstsicherheit trainieren und Deine Resilienz steigern. Realistische Ziele sind erreichbar. Jeder Teilschritt, den Du erreicht hast, erfüllt Dich in einem hohen Maß an Stolz. Wenn Du beispielsweise 10 km joggen willst, trainiere 3 - 4 Wochen, bis Du ohne Pause in langsamem Tempo diese Strecke laufen kannst. Danach kannst Du dann an der

Zeit arbeiten und diese, Schritt für Schritt, verbessern. Genau das macht den Weg zum Erfolg für Deine Zukunft aus!

T für terminiert:

Was wäre ein Ziel ohne Enddatum? Ganz klar: Wir alle kennen die Vorsätze für das neue Jahr, die wir dann schon am 15. Januar vergessen haben. Konkrete Ziele, die in Deine Zukunft gerichtet sind, bringen einen genauen Zeitstrahl mit. Wenn Du Dir zum Beispiel nach einer Kündigung im Job ein halbes Jahr Zeit gönnst, eine neue, ansprechende Aufgabe mit Zukunftsperspektive zu finden, ist dies ein realistisch gesetzter Termin. Und was passiert, wenn Du diesen Termin nicht erreichst? Natürlich sollte der Termin so gelegt sein, dass Du mit Einsatz und Elan dieses Zeitfenster erfüllen kannst. Neue Lebenssituationen erfordern eine neue Zielsetzung. Das heißt auch, neue Termine nach aktueller Gegebenheit zu überdenken.

Du siehst – denke an Deine Zukunft. Plane Dein Leben. Setze Dir Deine Ziele so, dass sie Dich beflügeln, motivieren und inspirieren. Ein Leben ohne Ziele kann im leeren Nichts enden. Bitte achte darauf, dass Du Dich mental stärkst und innere Widerstandskraft gewinnst, indem Du Dir immer wieder schriftliche Ziele fixierst. Warum ist die Schriftlichkeit wichtig? Ganz einfach: Wer schreibt, der bleibt. Hier kannst Du ein persönliches Erfolgstagebuch verwenden, das Du in jedem Tag neu mit wunderschönen Aufgaben befüllen kannst.

Praxistipp:
Ziele setzen und Erfolge feiern

Ein Tagebuch der Erfolge ist ein wichtiger Schritt, wenn Du Deine Resilienz trainieren willst. Hier darfst Du Dir alle Erfolge und Schritte aufschreiben, die Du jeden Tag gehst. Notiere Dir Deine Stärken und mache Dir diese an jedem Tag Deines Lebens immer bewusst. So hilfst Du Dir selbst, Dich zu motivieren und an Deinen Visionen und Zielen zu arbeiten. Klingt das nicht nach einer mehr als spannenden Zukunft, die Dein ganzes Leben bereichern wird?

Du kannst Dir zusätzlich zum Aufschreiben auch ein Visionboard basteln. Hierfür schneidest oder druckst Du Deine Ziele in Form von Bildern aus und klebst diese auf ein großes Blatt Papier. Dieses hängst Du dann an einen Ort in Deinem Zuhause, an dem Du es jeden Tag sehen kannst. Dieser Trick motiviert ungemein seine Ziele auch wirklich in die Tat umzusetzen. Versuche es!

Resümee

Der Weg für ein erfolgreiches Leben liegt in Deiner Zukunft. Wer resilienter werden will, hat Ideen, Visionen und wunderschöne Aussichten für eine Zukunft. Ziele, die wir erreichen, machen uns stolz. Rückschläge gehören dabei zu jedem Leben mit dazu. Schließlich leben wir alle von Veränderungen. Manchmal kommt es eben doch anders im Leben als wir uns es ausmalen. Krisen gehören zum Leben. Sie machen uns robust, stark und widerstandsfähig. Sehe den Sonnenaufgang und nutze ihn, aufzustehen und Dein Schicksal selbst in die Hand zu nehmen. Schon jetzt wünsche ich Dir dabei: viel Power und Erfolg!

Exkurs:
Resilienz und die Höhen und Tiefen des Lebens

In den hier ausführlich vorgestellten sieben Säulen der Resilienz hast Du schon viele Tipps erhalten, wie Du in bestimmten Lebenssituationen Deine psychische Widerstandskraft trainieren und Krisen mit innerer Stärke meistern kannst. Allerdings solltest Du, bevor Du aktiv an Deiner inneren Einstellung arbeitest oder Dir bewusst die Menschen in Deiner Umgebung suchst, die Dir guttun, eines wissen: Unser Leben ist im Fluss. Jedes Menschenleben bringt Höhen und Tiefen mit sich. Versuche diese zu akzeptieren, denn sie machen Deinen einzigartigen Lebensweg aus. Gerade bei schweren Krisen und Schicksalsschlägen ist es entscheidend, Ruhe und Gelassenheit zu bewahren.

Selbstoptimierung und das Streben nach Glück

Egal, welcher Trennungsschmerz, welcher Todesfall oder welch anderer harter Schlag Dich in Deinem Leben auch treffen mag: Vergleiche Dich bitte niemals mit anderen Personen. Vergleich macht nur reich, wenn es um Bank- oder Versicherungsprodukte geht. Wenn wir unsere innere Stärke finden möchten und die Widerstandskraft stärken wollen, ist der Vergleich meist nicht sinnvoll. Warum? Ganz einfach: In den meisten Fällen vergleichen wir uns mit den Personen, denen es augenscheinlich besser geht als uns selbst. Auch die Frage nach dem „Warum?“ bringt Dich niemals weiter. Fragen an Deine Vergangenheit gerichtet, führen Dich nicht zu einem Neuanfang, in dem Du positiv durchstarten kannst. In unserer schnelllebigen Zeit, in der Erfolg im Beruf immer stärker in den Fokus gerät, wollen wir immer besser und besser werden und fallen über kurz oder lang dem Selbstoptimierungswahn zum Opfer. Zwangsläufig werden wir mit den besten der Branchen verglichen und möchten eines: immer mehr Erfolg, immer mehr Leistung, immer mehr Geld. Wohin mag diese Denkweise führen?

Du kannst Dich auch fragen, warum immer mehr Menschen sich ständig nach Neuem orientieren möchten, rastlos und dennoch unzufrieden, um im Trend der Zeit mit zu schwimmen. Warum kommen wir nie an und finden Ruhe und Stärke in uns selbst?

Fakt ist, dass ständige Gedanken der Unzufriedenheit keinesfalls der Schlüssel zu Resilienz sind – ganz im Gegenteil. Achtsamkeit bedeutet Dankbarkeit.

Dankbarkeit heißt, zufrieden zu leben und das tiefe Glück in sich zu spüren.

Wenn der Körper Dir Grenzen aufzeigt

Oft zeigt uns unser Körper schon den richtigen Weg mit dem großen Schild „STOPP“. Wir erkranken, landen im Burnout oder können den Ausbruch von Depressionen nicht mehr verhindern. Also ist der Weg der großen Ziele „immer höher, immer schneller, immer weiter“ nicht der richtige Maßstab, unser Leben besser und sinnvoller zu organisieren als je zuvor?

Nein – denn der Anstieg von psychosomatischen Erkrankungen wie chronischer Erschöpfung, Burnout, Ängsten, Depressionen oder Panik-Attacken in der heutigen Gesellschaft zeigt: Der große Erfolgsdruck und der Gedanke, immer besser und besser werden zu wollen, er führt uns in den seelischen Ruin.

Es gehört also auch zu den Höhen und Tiefen unserer Lebensphasen, den Ausbruch von seelischen Erkrankungen als Chance zu sehen. Gott sei Dank zeigt Dir Dein Körper rechtzeitig, wann es zu viel im Leben wird. Lerne auch bereits kleine Symptome wahrzunehmen um späteren Folgen vorzubeugen.

Der positiv denkende Mensch sagt beim Burnout: „Gott sei Dank haben die Natur und mein Körper mir gezeigt, dass ich umdenken muss. Die Gesundheit ist das wichtigste Gut – ich akzeptiere die Gegebenheit als Chance, mein Leben neu zu ordnen. Ich entfliehe der Opfer-Rolle eines kranken Menschen und breche auf zu einer neuen Zukunft, indem ich viele Dinge in meinem Leben aktiv ändern werde!"

In diesem Satz sind die wichtigsten Säulen der Resilienz schon enthalten. Du findest hierin die Akzeptanz ebenso wie die Tatsache, der Opfer-Rolle zu entkommen und aktiv an die Zukunft zu denken. Die positive Einstellung ist die Grundaussage an dieser Lebenshaltung.

Der Depressive schildert: „Jetzt bin ich auch noch krank! Ich bekomme auch gar nichts gebacken in meinem Leben und weiß gar nicht, wie es jetzt weitergehen soll!"

Es gilt nun im Resilienz-Training mithilfe vieler Tipps und Ideen, die innere Stärke neu zu finden. Genau aus diesem Grund lohnt es sich das Buch intensiv durchzuarbeiten und sie auch im Anschluss sofort auszuprobieren. Nimm Dir die Zeit, die Du dafür brauchst. Eine zusätzliche Möglichkeit: Hole Dir Hilfe. Kein Mensch sollte sich dafür schämen, durch professionelle Hilfe den Weg aus der Krise gefunden zu haben. Es ist längst keine Schande mehr, einen Therapeuten oder Psychologen aufzusuchen. Es wäre eine Schande, die Hilfe von seelischen Experten, die es zahlreich in Deutschland zu finden gibt, nicht in Anspruch zu nehmen.

Bedenke, wie viel Zeit Du Dir an jedem Tag für Deine Körperpflege und für Dein äußerliches Erscheinungsbild nimmst. Ist es eine Stunde oder gar mehr pro Tag? Und jetzt überlege Dir, ob Du nicht die gleiche Zeit jeden Tag für Deinen inneren Seelenfrieden nutzen möchtest. Wenn wir bedenken, dass Körper und Seele stets in einem harmonischen Einklang miteinander verschmelzen, ist es unsagbar wichtig, auf die Entwicklung der inneren Widerstandsfähigkeit zu achten. Trainiere Deine Resilienz. Nimm Dir die Zeit für innere Stille und Gelassenheit. Entdecke Dich neu und finde Deine mentale Stärke.

Resümee

Höhen und Tiefen gehören zu unserem Leben. Manchmal fällt die Achterbahnfahrt größer aus, manchmal verläuft das Leben in sanften Wellen. Nicht immer können wir Menschen dabei selbst beeinflussen, in welches Fahrgeschäft einer Achterbahn wir steigen. Harte Schicksalsschläge durch

Krankheit oder Todesfälle bestimmen im Durchschnitt jedes Leben. Depressive Verstimmungen sind den meisten Menschen keine Fremdwörter, wenn man bedenkt, dass jedes Lebewesen im Durchschnitt 3 bis 7 Krisen bis zum Lebensende zu meistern hat. Sprechen wir also nicht immer gleich vom Burnout, von massiven Ängsten oder schweren Depressionen. Schon leichte, depressive Verstimmungen können mit aktivem Stress-Management bewältigt werden. Nichts ist so wie es war. Alles im Leben ist vergänglich. Auch jede schwere Lebensepoche verschwindet wieder, wenn Du Dir selbst die Chance dafür gibst. Entdecke Deine innere Stärke, indem Du jetzt schon aktiv an Deiner Resilienz arbeitest. Du weißt schließlich: Krisen machen stark! Warum sollte das bei Dir anders sein?

„Bei ruhigem Wetter kann jeder leicht Steuermann sein"

Diese chinesische Weisheit spricht vielleicht auch Dich an. Doch wie gelingt es in stürmischen Zeiten innere Ruhe und Gelassenheit zu finden? Neben den 7 Säulen der Resilienz bietet Dir das folgende Training nun zahlreiche Möglichkeiten, wie Du Deine Resilienz steigern kannst. Lass Dich überraschen...

ZWEITER TEIL

-

Resilienz-Training im Alltag

Übungen für den Alltag

Die Basis, um die eigene Widerstandskraft zu stärken, liegt darin, regelmäßig bestimmte Gesundheits-Rituale in den Alltag zu integrieren. Mit einem täglichem Resilienz-Training kannst Du somit einen guten Beitrag für Deine Nervenstärke und Seelenruhe leisten. Hast Du folgende Möglichkeiten schon einmal in Betracht gezogen?

Welche Rolle spielt die Atmung?

In vielen Lebenslagen ist die Bauchatmung an der frischen Luft ein großer Gewinn für Deine Nerven. Auch der Vagusnerv, der vorwiegend für Deine innere Ruhe und Gelassenheit verantwortlich ist, kann mit der richtigen Atemtechnik positiv stimuliert werden. Wie funktioniert sie – die Zwerchfellatmung, die jeder von uns im Sinne des Resilienz-Trainings durchführen kann?

In 5 Schritten wird Dir hier die Zwerchfellatmung einfach erklärt:

- Nimm einen tiefen Atemzug durch die Nase. Am besten tankst Du dabei frischen Sauerstoff und stellst Dich ans offene Fenster, wenn Du nicht selbst an die frische Luft gehen kannst. Idealerweise schließt Du dabei die Augen, um Dich voll und ganz auf das Anti-Stress-Programm konzentrieren zu können.

- Während Du einatmest, kannst Du Dir denken: „Ich atme jetzt nur gute Gedanken und den inneren Seelenfrieden ein." Der Bauch sollte sich bei der Einatmung nach außen wölben. Versuche also, tief in Deinen Bauch zu atmen.
- Atme im Anschluss durch den Mund wieder aus, während Dein Bauch dabei wieder flach wird. Innerlich kannst Du Dir währenddessen noch Sätze sagen wie: „Allen Ärger lasse ich jetzt los" oder „Alle Probleme atme ich mir jetzt tief aus meiner Seele!" Das hilft Dir innerlich beim Entspannen – und das auf ganzer Linie.
- Atme weiter nach dem gleichen System mit tiefen, ruhigen Atemzügen, bei denen sich der Bauch beim Einatmen nach außen wölbt.

Es ist wissenschaftlich mehrfach erwiesen, dass die Zwerchfellatmung innerliche Ruhe schenkt. Hierbei werden alle Organe mit frischem Sauerstoff versorgt, was die Blutzirkulation aktiviert und den Kreislauf in Schwung hält. Auch in schweren Situationen im Job oder bei Ärger mit der Familie kannst

Du mit dieser Bauchatmung sofort den Stress loslassen.

Möchtest Du mehr über die Rolle des Vagusnervs erfahren und wie Du diesen mit Hilfe von Übungen stimulieren kannst, empfehle ich Dir das Buch „Vagus Nerv“ von Rita de Beer.

Selbstfürsorge mit gesunder Ernährung

Um die Resilienz zu trainieren, solltest Du auf Deine gesunde Ernährung ganz besonders achten. Wer unter Strom und Anspannung steht, braucht viel Energie fur seinen Alltag. Was passiert im Organismus, wenn wir Anfälle von Stress bewältigen müssen? Ganz einfach: Der Blutzuckerspiegel sinkt, unser Körper braucht schnell Energie, wichtige Spurenelemente und Vitamine. Gesunde Ernährung ist hierbei das A und O, damit wir diese Reserven aus unserem Körper sinnvoll schöpfen können. Verfalle also bitte nicht in den Gedanken, Dir aus Süßigkeiten oder anderen Suchtmitteln schnell „Nervennahrung“ herbeischaffen zu wollen. Genau das ist der falsche Weg, damit Du Deine Resilienz steigern kannst. Was ist besser? Hier eine Strategie, die Dein Wohlbefinden fördert und Dir schnell frische Power schenkt:

- Esse jede Menge Obst und Gemüse, dieses Vitalfood enthält nämlich sehr viele Mineralstoffe, Spurenelemente und Vitamine. Das ist Gold wert, wenn Du den Strapazen im Alltag gerecht werden willst.
- Trinke frisches, kaltes Wasser, wenn Du Deine Resilienz stärken willst. Warum ist das ein guter Rat für alle gestresste Menschen? Wenn Du natürliches Mineralwasser trinkst, wird der Kreislauf angeregt, das Blut verdünnt und Dein Gehirn schnell mit frischem Sauerstoff versorgt. Wasser hält jung und alle Menschen in Schwung!
- Achte darauf, im Sinne der eigenen Widerstandsfähigkeit in den richtigen Mengen gesundes Essen zu genießen. Das heißt: Esse weder zu wenig noch zu viel, wenn Du unter innerer Verzweiflung leidest. Drei gesunde Mahlzeiten mit vitaler Pflanzenkost und leckeren Kräutern ist der bessere Weg, als in Hülle und Fülle Snacks oder Food mit hohem Kohlenhydrat-Anteil zu essen.
- Vermeide Nikotin und Alkohol – gerade im Sinne des Resilienz-Trainings ist jegliches Suchtverhalten der absolut falsche Weg, um zur inne-

ren Stärke zu finden. Genieße stattdessen Trockenobst und Nüsse, was Dir frische Energie schenkt.

- Magere Milchprodukte, Käse oder tierisches Essen wie fettarmes Fleisch (Hähnchenbrust oder Rinderfilet) oder Fisch (Forelle, Barsch, Hecht oder Makrele) versorgen Deine Muskeln sofort mit wertvollem Eiweiß. Eiweiß brauchen wir, um die Muskelkraft auf Dauer aufrechtzuerhalten.
- Samen, Körner oder Super-Food wie Chiasamen oder Quinoa sind wichtige Eiweiß-Lieferanten für Veganer. Wer das Tier schützt, kann dennoch sehr gesund leben mit Nüssen, Samen, Soja, Tofu und Co.
- Beruhigende Kräuter wie Johanniskraut, Kamille, Baldrian, Lavendel oder Minze sind gut für starke Nerven. Genieße diese Naturkräuter als Tee oder im frischen Salat. So kannst Du langfristig einen guten Beitrag im Sinne Deines persönlichen Anti-Stress-Managements leisten.

Das sind nur ein paar Ideen dafür, wie Du ganz besonders in schweren Lebenssituationen auf Dein Wohlbefinden achten solltest. Bedenke eine Grundsatz-Regel, gerade dann, wenn Du unter innerer Hektik leidest:

„Du bist, was Du isst!“ Somit gilt: Gerade in Zeiten der Krisen solltest Du ganz besonders auf gesunde Ernährung mit vielen Vital-Stoffen achten.

Tanke Kraft mit Bewegung in der Natur

Sport ist Mord? Nein – denn Bewegung an der frischen Luft lässt uns oftmals sehr schnell wieder klaren Kopf bekommen.

Wer neue Power bei langen Waldspaziergängen tankt, hat mehr vom Leben. Waldbaden bedeutet, in die Stille des Waldes, in die Geräusche der Tiere einzutauchen und dabei zu entschleunigen. Was spricht dagegen, Dir im Wald den ganzen Frust von der Seele zu schreien? Hierbei schadest Du keinem Menschen und verschaffst Dir selbst wieder innere Stärke. Genieße die Freiheit in der Natur. Es sind nicht immer die großen Power-Sportarten im Fitness-Studio, die uns mentale Stärke bei Stress schenken. Resilienz-Training heißt, in der Natur neue Energie zu schöpfen. Kennst auch Du den Spruch: „Es gibt kein falsches Wetter, sondern nur die falsche Kleidung?“ Deshalb zählt: Raus mit Dir in die Natur. So kannst Du Deinen Seelenfrieden finden und Deine Widerstandskraft stärken.

Tipp:

Wer jeden Tag an die frische Luft geht, sei es auch nur für 15 – 20 Minuten, schützt sich auch vor Krankheiten, sorgt für ein straffes Hautbild und fördert die Funktionen des Kreislaufs. Nicht umsonst sagen wir unseren Kindern: „Raus mit Dir in die Natur, damit Du wieder klar denken kannst!“ Dieser Spruch gilt für uns alle, um uns vor Stress-Aufkommen im Alltag zu schützen!

Sport -
Der Schlüssel, um negative Gefühle loszuwerden

Weißt Du, was Percy Clummings den Menschen in seinem Zitat vermittelt?

„Sport: Opium für das Volk!“

Der einzige Unterschied zu Opium besteht darin, dass Sport ein gesundes Rauschmittel ist, das als Resilienz-Training schlechthin gilt. Wie Du bereits in den sieben Säulen der Resilienz siehst: Wir sollen unseren Gefühlen freien Lauf lassen. Wer Gefühle auf Dauer unterdrückt, wird irgendwann das Fass zum Überkochen bringen. Deshalb ist es wichtig, Wut, Trauer, Zorn und tiefe Enttäuschungen zuzulassen. Doch – wohin mit aller Trauer und all den Tränen, wenn Du andere Menschen nicht damit belasten willst? Ganz einfach: Wer sich bei Sport auspowert, wird sich danach frisch und frei fühlen. Es ist besser, all den Zorn beim Jogging, beim Power-Sport oder beim Holzhacken an der Natur auszulassen, als seine innere Wut mit sich selbst vereinbaren zu wollen.

Wenn Du innerlich traurig bist, kannst Du folgende Möglichkeiten als Resilienz-Training nutzen – und das fast ohne Kosten und großen Aufwand für Dich:

- Setze Dich aufs Fahrrad und strample einfach los. Schwitze Dir dabei allen Ballast aus dem Körper. Wetten, danach wirst Du die Dusche als befreiendes Ritual empfinden?
- Jogge im Wald und atme viel frischen Sauerstoff ein. Danach fühlst Du Dich stolz und befreit.
- Gehe schwimmen und tobe Dich im Wasser aus. Genau das ist die richtige Möglichkeit, die Muskeln zu stärken und Dich innerlich zu stärken. Danach erfreust Du Dich, die tiefen Momente des Frustes sinnvoll für Deine Fitness genutzt zu haben.
- Welchen Power-Sport im Fitness-Studio willst Du selbst für Dich testen? Egal, ob Du im Keller den Home-Trainer, die Hanteln oder das Ruder-Gerät nutzen willst: Schwitze Dir all Deinen Ärger aus dem Körper.
- Im Fitness-Studio hingegen können wir in der Gemeinschaft trainieren und uns so Feedback von einem Coach einholen, damit wir uns bei jedem Workout verbessern können.

Es ist sinnvoll, sich seinen Ärger von der Seele zu schwitzen. Zu jedem Resilienz-Training gehört der richtige Sport mit dazu, der Dir neue Energie schenkt. Danach fühlst Du Dich stolz, befreit und glücklich, für Deine Fitness einen positiven Beitrag geleistet zu haben. Klingt das nicht nach einem gesunden Plan mit Zukunft?

Entspannung - *Entspannungstechniken*

Entspannung und Pausen gehören zum Leben, gerade dann, wenn Du Deine Resilienz stärken willst. Wie kannst Du am besten entspannen? Finde Deine Möglichkeit, damit Du zu innerer Ruhe und Gelassenheit kommst.

- Suche Dir Deine eigene, kleine Wellness-Oase zum Entspannen. Genieße ein schönes Bad, den Sauna-Besuch oder finde Kraft in beruhigenden Düften, die Du zu Hause in einer Duftlampe in Dir aufsaugen kannst.
- Meditiere – nicht umsonst meditieren große Persönlichkeiten zur Beruhigung vor großen Auftritten. Wusstest Du, dass der große Börsen-Profi Warren Buffet schon unter tiefen Ängsten und Nervosität litt, als er bereits berühmt war? Der Redner hält noch heute vor seinen Auftritten in der Öffentlichkeit Stille und meditiert. So findet er neue Energie und kann sich auf das

Wesentliche konzentrieren. Im inneren „Ohm“ kannst auch Du zur inneren Mitte finden und Dich vom Alltag und allen Strapazen des Lebens entschleunigen.

- Qi-Gong hilft Dir, mit Mediationen und sanften Dehn-Übungen die Funktionen in den Chakren zu aktiveren. Das stärkt Herz, Lunge und den gesamten Verdauungs-Komplex.
- Bei Yoga lernst Du, Deine Körperhaltung zu verbessern und Verspannungen zu lösen. Yoga ist außerdem eine gute Möglichkeit Körper und Geist in Einklang zu bringen und innere Ruhe zu finden.
- Welchen Gewinn finden viele Menschen in der progressiven Muskelentspannung? Dabei kannst Du Dich an jedem Ort der Welt schnell vom Stress des Alltags lossagen und Deinen Geist entspannen. Wenn es dem Geist gut geht, erholt sich auch der Körper schnell. Auch bei der progressiven Muskelentspannung darfst Du mit der richtigen Atem-Technik lernen, selbst schnell den inneren Seelenfrieden zu finden.
- Mache in der Licht-Meditation sinnvolle Ideen aus, wie Du Deinen Geist sofort positiv inspirieren kannst.
- Außerdem gibt es bei einer Hypnose oder Selbsthypnose hilfreiche Anleitungen für

Traumreisen oder wunderschön aufsteigende Bilder, die die Zirbeldrüse (das dritte Auge) inspirieren

- Auch in Thai Chi kannst Du in einem Morgen-Ritual neue Energie aufsaugen und innere Stärke finden, indem Du körperlich aktiv bist. Thai Chi stammt aus der asiatischen Heilkunst und hilft Dir, Körper und Seele in einem tiefen Einklang miteinander verschmelzen zu lassen.
- Entspanne bei schöner Musik und bilateralen Beats, die bei vielen Entspannungs-Melodien hinterlegt sind. Beruhigende Geräusche wie das Zwitschern der Vögel ist eine Möglichkeit, in der Natur und bei sanften Geräuschen oder Melodien zu entspannen.
- Das bereits erwähnte Achtsamkeitstraining bietet auch eine gute Möglichkeit sich zu entspannen Dies kann das ganz bewusste Ausmalen eines schönen Mandala Malbuches, das Sortieren Deiner Wäsche, das Bauen von Lego mit Deinem Kind ohne direkt an Deine To-Do-Liste zu denken oder einfach nur das Bestaunen einer schönen Wolkenformation am Himmel sein.

Es gibt zahlreiche Entspannungskurse, die uns in Therapien und Kliniken vorgestellt werden. Wusstest Du, dass die Krankenkasse sogar Präventionskurse anbietet und diese mit einem Kostenzuschuss subventioniert? Egal, ob Du Yoga oder progressive Muskelentspannung nach Jacobson ausprobierst: In jeder Entspannungs-Methode kannst Du auf eine einzigartige Weise für Dich neue Seelenkraft tanken. Sei aktiv und zeige allen, dass Du Dich niemals von der inneren Anspannung in Dir überrollen lassen wirst. Das steigert Deine eigene Widerstandsfähigkeit und hilft Dir, im Anti-Stress-Programm für Dich selbst neue Ressourcen zu nutzen – und das auf lange Sicht. Betreibe Prävention und schütze Dich vor dem Ausbruch von Krisen. Du wirst es nicht bereuen!

Tipp:

Du willst dann sinnvolle Entspannungstrainings oder Hypnosen durchführen, wenn Du Zeit dafür findest und nicht viel Geld dafür ausgeben? Im Netz (z. B. YouTube) gibt es viele Anleitungen, die Du zum autonomen Training mit einer Meditation, einer Traumreise oder einer professionellen Selbsthypnose selbst durchführen kannst. Wünsche und Ziele zu manifestieren, kann jeder lernen. Im Internet kannst Du zahlreiche Möglichkeiten finden, die Du völlig gratis zum Anti-Stress-Programm im Sinne der

Resilienz üben kannst - und zwar dann, wann Du es willst.

Morgen-Rituale - *Balsam für die Seele*

Wenn der Morgen gut startet, beginnt Dein Tag schon voller frischer Energie. Ist Dein Glas schon früh am Morgen halbvoll oder halbleer? Bitte stehe in der Frühe so auf, dass Du Deinem Leben positive Gedanken abgewinnst. Finde für Dich das Ritual welches zu Deiner Persönlichkeit passt. Dies kann, je nach Persönlichkeit, Meditation, Yoga, Achtsamkeitstraining oder auch das Aufschreiben positiver Gedanken sein. Genieße eine Art der Stille für Dich als Morgen-Ritual, damit Du gerne in den Tag startest und diesen nicht als Belastung und Hürde empfindest. Denke Dir am Morgen ein Ritual im Bad aus, auf das Du Dich noch im Bett liegend freust.

Hier ein paar Ideen, wie Du Energie für den Tag in einem Morgen-Ritual finden kannst:

- Wechsel-Duschen zwischen kaltem und sehr warmem Wasser fördern Deine Widerstandsfähigkeit. Das schützt Dich vor dem Ausbruch von Infektions-Krankheiten und aktiviert die Blutzirkulation. Beende die Dusche mit kaltem Wasser; das fördert die Kreislauf-Funktionen und hilft Dir dabei, ein straffes Hautbild mit gut durchbluteten Hautzellen zu erhalten. Wenn Du Dich frisch und vital fühlst, fördert dies automatisch Deine selbstsichere Ausstrahlung.
- Schon früh am Morgen kannst Du mit sanfter Gymnastik oder Yoga Deine Muskeln stärken und dehnen. Auch dieses Training im Sinne Deiner Gesundheit tut Deiner Seele gut. So fühlst Du Dich stark, fit und startest voller Energie in Deinen Tag.
- Achte auf die Körperpflege am Morgen, damit Du Dich schön fühlst. Was ist Dein Lieblingsduft, den Du gerne an Dir riechst? Wenn Du Dich selbst gut riechen kannst, fühlst Du Dich automatisch gewappnet für Deinen Tag.
- Begrüße Deine Liebsten um Dich herum mit einem Küsschen oder liebevollen Worten. Wer Liebe aussendet, wird auch Liebe ernten. Das ist eine gute Möglichkeit, die Resilienz zu stärken. Wir alle müssen uns mit liebevollen Wesen umgeben, die uns Kraft und Energie schenken.

- Gerade am Morgen solltest Du mit einem Power-Frühstück für die richtige Vitamin-Zufuhr sorgen. So wirst Du resistenter gegen Stress und weißt, dass Du schon in frühen Stunden für Dich selbst und die Steigerung Deiner Widerstandsfähigkeit einen aktiven Beitrag geleistet hast.
- Schnapp Dir Dein Notizbuch oder Dein Achtsamkeitsbüchlein und notiere Dir positive Affirmationen und Gedanken. Du wirst sehen, auf diese Weise wird Dein Tag mit größerer Motivation starten.

Auch das sind nur ein paar Optionen im Sinne eines Resilienz-Trainings, mit dem Du Burnout und Depressionen vorbeugen kannst. Innere Stärke zu finden beginnt oft schon mit den richtigen Aktionen früh am Morgen. Auf geht`s! Beginne Deinen Tag so, damit Du mit positiver Energie in Deinen Alltag startest. Tanke den Akku auf – es liegt in Deiner Hand.

Selbstliebe durch positives Denken

Selbstliebe – welch ein großes Wort. In der Tat können wir nicht verlangen, dass uns andere Menschen lieben, wenn wir selbst mit uns hadern und uns Fehler nicht verzeihen. Der Schlüssel, sich vor Depressionen zu schützen und in jedem Resilienz-Training heißt also: Liebe Dich selbst!

Welche Möglichkeiten helfen Dir dabei, Deinen Selbstwert zu finden und die Liebe zu Dir selbst neu zu entdecken?

Hier ein paar Ideen, damit Du Dein Selbstbewusstsein steigerst und Dich voller Tatendrang in die schönen Dinge Deines Lebens stürzt:

- Schreibe Dir jeden Tag 5 Stärken von Dir auf und konzentriere Dich nicht auf Deine Schwächen. Was ist schön an Dir uns was kannst Du besonders gut? Egal, ob Deine Augen andere verzaubern oder es Dich auszeichnet, dass Du eine gute Zuhörerin bist – es gibt zahlreiche Gründe, worauf Du so richtig stolz sein kannst.
- Führe ein Erfolgstagebuch, in das Du jeden Tag Dinge schreibst, die Dir besonders gut gelungen sind. Jeden Abend kannst Du in einem Ritual so positive Gedanken fassen, was Du gut gemeistert hast. Das hilft Dir auch dabei, Schlafprobleme in den Griff zu bekommen.
- Lächle – Du kannst dabei nur gewinnen. Wer sich selbst im Spiegel zulächelt, findet sich

schön und gewinnt auch an tiefer Ausstrahlung gegenüber seinen Mitmenschen. Wenn Du positive Energie ausstrahlst, bekommst positive Energie zurück und das führt wiederum zu einem gesteigerten Wohlbefinden.

- Selbstsichere Menschen stehen zu sich und vergleichen sich nicht mit anderen. Du bist Du! Du bist ein einzigartiges Geschöpf, das Gott, das Universum oder woran auch immer Du glaubst, erschaffen hat und das so wie es ist, gewollt ist. Schätze, liebe und achte Dein Leben. Du bist gut so wie Du bist.
- Sei dankbar für das, was Du hast und strebe nicht nach Dingen, die Dir fehlen. So findest Du innere Stärke und kannst Dir auch in Krisen innerlich mit schönen Gedanken der Zufriedenheit schenken. Das ist der Schlüssel zum Glück für ein friedliches, mental starkes und dankbares Leben.
- Welchen Grund gibt es für Dich, damit Du Dich genau heute gut fühlen darfst? Es gibt zahlreiche Gründe, was Dich zu einem liebenswerten Lebewesen macht. Sei stolz darauf, dass Du täglich in den Spiegel blicken kannst, fleißig und ehrlich bist und gegenüber Dir selbst bestehen kannst. Welche Gründe gibt es für Dich, warum

Du Dein Leben als großes Geschenk betrachtest? Horche in Dich hinein, Du findest mit Sicherheit einige.

„Eigenliebe ist der Beginn einer lebenslangen Leidenschaft.“

- Oscar Wilde (1854-1900) –

Bitte achte darauf, Dich selbst als liebenswerte Person zu sehen. Warte nicht auf andere, die Dich in den Himmel heben sollen. In Dir liegt der große Schlüssel zum Glück, damit Du die Liebe zu Dir selbst entdeckst. Wetten, dabei wirst Du auch an charismatischer Ausstrahlung gewinnen, was die Basis für Dein Resilienz-Training darstellt?

Resümee

In dieser Übersicht findest Du einige Strategien, Deine psychische Widerstandskraft neu zu aktivieren. Achte Dich, schätze Dich, liebe Dich. Entdecke Dich selbst und nimm Hilfe von fremden Personen an, die Dir wohlgesonnen sind. Resilienz trainieren heißt auch, auf die innere Stimme zu achten und mit seinen Gefühlen richtig umzugehen. Gesunde

Ernährung, sinnvolle Methoden der Entspannung und der richtige Sport helfen Dir dabei, Deinen Seelenfrieden zu finden. Wusstest Du, dass die Zwerchfellatmung das beste Instrument darstellt, sich in Krisen zu stärken? Amte tief ein und allen Ballast wieder aus. Tanke frischen Sauerstoff in der Natur. Wenn Du diese Regeln beachtest, hast Du im Resilienz-Training schon einen positiven Beitrag für Deine Gesundheit geleistet. Nimm Dein Schicksal selbst in die Hand. Sei aktiv und zeige alle, welche Power in Dir steckt. Du schaffst alles, was Du willst!

„Menschen, die immer daran denken, was andere von ihnen halten, wären sehr überrascht, wenn sie wüssten, wie wenig die anderen über sie nachdenken."

- Zitat von Bertrand Russell -

Resilienz für Kinder

Kinder stärken

Ein pädagogisches Ziel vieler Eltern ist es, ihren Kindern dabei zu helfen zu starken und selbstbewussten Erwachsenen zu werden. In unserer schnelllebigen Welt, in der immer mehr Umwelteinflüsse, digitale Gefahren oder auch eine enorme Informationsflut schon auf Kinder im Kindergartenalter einströmen, zeichnet sich leider Folgendes ab: Schon Schulkinder leiden unter Schlafstörungen und Ängsten. Das ist nicht unbedingt förderlich für die Entwicklung. Nicht alle Kinder können dem Leistungsdruck und Vergleichen gerecht werden. Die Folge davon: Mobbing, Ängste, Unsicherheit. Wachsamkeit und Liebe gegenüber den schutzlosen Wesen ist das oberste Gebot, um auch die Resilienz schon in jungen Jahren zu stärken. Wer den Kindern mit Liebe und Achtsamkeit begegnet, immer wieder das vertraute Gespräch der Zweisamkeit mit den Kindern sucht, kann spüren, wie es um das Seelenwohl der Kinder bestimmt ist. Die so viel diskutierten „Helikopter-Eltern“ die ihre Kinder keine eigenen Erfahrungen sammeln lassen möchten, leisten möglicherweise keinen sinnvollen Beitrag für die Erziehung zu resilienten Persönlichkeiten. Kinder müssen lernen Krisen auszuhalten, damit Sie auch als Erwachsene gestärkt aus diesen hervorkommen können. Sie müssen fallen, um wieder aufzustehen und den Strapazen des Alltags den Kampf ansagen. Bringe Deinen Kindern also von Anfang an bei, sich selbst aus misslichen Lagen zu befreien.

Betrachte jedes Kind als individuelles Wesen. Kein Kind gleicht dem anderen – gut so. Umso mehr solltest Du jedoch auf alle Signale Deines Kindes achten, dass es Dir aussendet. Hat Dein Kind Angst, nimm diese ernst. Suche das Gespräch und schenke Deinem Kind vor allem eines: achtsame Zeit! Zeit, Liebe und Achtsamkeit sind in der heutigen, schnelllebigen Zeit oft viel wichtigere Geschenke als Materielles wie ein Smartphone, tolle Kleidung oder viele Events wie Kino-Ausflüge oder große Wochenend-Trips, die Entertainment liefern. Höre aktiv zu, was Dein Kind Dir zu sagen hat. Zuhören heißt nicht, die Ohren zu verschließen, sondern zwischen den einzelnen Worten die wesentlichen Aussagen Deiner Kinder zu verstehen.

Tipps wie Du Dein Kind stärken kannst

Liebe und Fürsorge

Die soziale Nähe und ein gutes Netzwerk, um sich zu spüren, gehören zu den wichtigen Säulen der Resilienz. Kinder brauchen ihre Eltern. Doch sie möchten auch als eigenständige Wesen selbst ihre Erfahrungen sammeln. Wenn Dein Kind alleine mit dem Fahrrad zur Schule fahren will, lass es fahren. Zeige Deinem Kind, dass Du ihm vertraust und dass es Verantwortung für sein Leben übernehmen kann. Übertriebene Fürsorge erdrückt die Kleinen. Finde hier, je nach Situation und Alter des Kindes, die richtige Balance.

Gesunde Ernährung ohne Verbote

Kinder lieben Süßigkeiten. Doch nicht alles was süß schmeckt, muss voller Konservierungsstoffe stecken. Versuche Fast Food und Produkte industrieller Herstellung mit vielen Zusatzstoffen zu vermeiden. Das muss nicht sein. Lerne, in schönen Stunden, mit Deinem Schatz einen Obstsalat selbst zuzubereiten. Das macht Spaß, Dein Kind entdeckt, welche Schätze die Natur zu bieten hat und Du selbst erziehst Deine Familie so, dass die gesunde Ernährung eine sinnvolle Basis darstellt. Welche

Konsequenzen all die Farb- und Konservierungsstoffe noch nach sich ziehen werden, ist noch nicht tief wissenschaftlich erforscht. Fest steht allemal, dass Kinder unruhiger denn je sind, schon im frühen Alter an Schlafstörungen leiden und der Sinn für die Natürlichkeit von Nahrungsmitteln abhandenkommt. Die gesunde Ernährung mit ökologisch wertvollen Produkten ist hier ein guter Weg, aktiv gegen diese Störungen anzukämpfen und die Kinder in jungen Jahren vor erhöhtem Stress-Aufkommen zu schützen. Mittlerweile gibt es zahlreiche gesunde Zuckeralternativen auf dem Markt, die in Maßen angeboten werden können.

Motivation und Lob – Dein eigenständiges Kind

Oft nörgeln die Eltern permanent an den Kindern herum. „Tu dies nicht“ oder „Hör endlich auf, immer wieder mit dem Smartphone zu spielen“ sind Sätze, die viele Eltern kennen. Doch – wann hast Du zuletzt Deinem Kind gezeigt, was es heißt, Verantwortung zu übernehmen? Zeige Deinem Schatz, dass es Aufgaben im Alltag zu erfüllen hat. Jedes Kind kann schon in jungen Jahren lernen, selbst das Zimmer in Ordnung zu halten, die Spülmaschine ein- und auszuräumen oder sich im Haushalt um den Müll zu kümmern, der regelmäßig in die Mülltonne gebracht werden muss. Jedes Kind braucht

Aufgaben im Leben, für die Du es loben kannst. Es sind nicht nur die großen Leistungen der guten Schulnoten, die unsere Kinder zu eigenständigen Persönlichkeiten werden lässt. Achte darauf, dass Du Dein Kind schon im frühen Alter lobst und es täglich dazu motivierst, Dinge zu verrichten, die auf den ersten Blick nicht angenehm sind. So ist das Leben – für uns alle!

Gefühle annehmen und achten

In einem regelmäßig stattfindenden Ritual kannst Du ganz einfach erfahren, wie es um das Wohl des Kindes wirklich bestimmt ist. Wie fühlt, denkt und handelt Dein Kind? Arbeite an Lösungen, wenn es dem Kind nicht gut geht. Achte darauf, dass Du immer wieder zu bestimmten Zeiten am Tag besonders viel Zeit für Dein Kind einräumst. Das Einschlaf-Ritual mit Deinem Kind kannst Du so gestalten, dass Du über Sorgen und Nöte der Kleinen Bescheid weißt. Überlege Dir im Anschluss Lösungen, um die Situation zu verbessern und binde die Meinung der Kinder hierbei mit ein. Wenn sich Dein Schatz in der Schule zum Beispiel gemobbt fühlt, suche nach neuen Wegen, indem Du Dein Kind mitentscheiden lässt.

Ruhephasen im Alltag

Kinder und Jugendliche müssen den Stress erst einmal in Ruhe verkraften, den sie auszuhalten haben. Gerade die digitalen Medien leisten nicht unbedingt einen guten Beitrag dafür, dass sich die Kleinen aktiv erholen können von Social Media, Chats mit Freunden oder Lerngruppen im Netz. Genau hierbei gilt es, einen aktiven Ausgleich mit Deinen Liebsten zu planen. Fördere hierbei die Stärken Deiner Kinder und achte darauf, dass sie zur Entspannung die Hobbys durchführen, die ihnen wirkliche Auszeiten bieten. Das Smartphone spielt hierbei sicher keine Rolle!

Hier ein paar Ideen, damit Kinder gut relaxen können:

- Hörspiele gibt es in zahlreicher Form. Kinder hören gerne Musik und Märchen, je nach Altersstufe. Achte darauf, dass die Kleinen nicht nur vor dem TV Bilder vorgesetzt bekommen, die sie überfordern. Zu viele Informationen auf einmal verkraften nicht alle Kinder. In Hörspielen können Kinder lernen, selbst ihre Phantasien sinnvoll auszuleben.

- Kinder können durch kreatives Arbeiten zur Ruhe kommen. Eine gute Möglichkeit bieten dafür zum Beispiel Bastelarbeiten, Tiermandala Malbücher, Tonarbeiten oder auch Puzzle.
- Schicke Dein Kind so oft es geht in die freie Natur, um im Sandkasten zu spielen, mit Freunden im Garten kleine Zelte oder andere lustige Dinge zu kreieren und so einmal ganz Kind sein zu dürfen.
- Respektiere Dein Kind, wenn es Auszeiten braucht und Spielsachen und Kuscheltiere immer wieder braucht, um abzuschalten. Kindern entwickeln ihre Lieblings-Aktivitäten, spielen immer die gleichen Lieder mit ihrem Instrument oder beschäftigen sich mit ihren Haustieren. Achte Deinen Schatz, damit er Pausen im Alltag so nutzen kann, dass er sich richtig entspannen kann.

Resümee

Schon in jungen Jahren kannst Du jedem Kind Werte mitgeben, die auch für die Entwicklung und die Zukunft wichtig sind. Dazu gehören: Liebe, Vertrauen, Verantwortung, Achtsamkeit, Fürsorge und Eigenständigkeit. Neben Ehrlichkeit, absoluter Loyalität und Fürsorge gegenüber Umwelt und Natur ist auch das Verzeihen von Fehlern wichtig. Liebe Dein Kind so wie es ist.

Resilienz im Familienleben

Die Familie ist eine wichtige Gemeinschaft, in der nicht alles immer reibungslos funktioniert. Doch – Krisen gemeinsam zu meistern, ist auch in der Familie ein wichtiges Ziel, die Resilienz zu trainieren. So können Schicksalsschläge besser verkraftet werden. Denke daran, dass zum Beispiel eine Trennung oder der Verlust des Arbeitsplatzes die ganze Familie belastet. Eine Familie ist ein Team! Kennst Du den Spruch: Blut ist dicker als Wasser? Ein intaktes Familienleben ist die Basis für die Entwicklung der inneren Stärke.

Praxistipps für Familien

- Gemeinsame Unternehmungen an der Natur sind ein Gewinn für jeden Familienalltag.
- Finde in Deiner Familie ein Hobby, das gemeinsam durchgeführt werden kann. Sport ist eine Sprache, die Jung und Alt verstehen.
- Nutze gemeinsame Gespräche bei einer Mahlzeit, die mindestens einmal pro Tag innerhalb

der Familie stattfindet. Nicht jeder muss nur „sein eigenes Süppchen kochen“ und seinen eigenen Weg im Alltag gehen. Schon unsere Großmutter sagte: Am Tisch gemeinsam zu sitzen und ein Essen zu genießen, das fördert das Zusammenleben im Kreise der Familie.

- Liebe jedes Mitglied Deiner Familie und zeige diese Liebe. Wir nörgeln viel zu oft am anderen herum, ohne zu zeigen, wie wichtig uns jedes Familienmitglied ist. Schöne Gesten wie Umarmungen und liebevolle Worte gehören zum Alltag einer Familie.
- Akzeptiere, dass Kinder sich entwickeln und ihren eigenen Lebensweg gehen. Finde auch in Deiner Partnerschaft einen Weg, wie die Familie sich in allen Lebenslagen gemeinsam unterstützen kann.
- Gemeinsame Spiele-Abende sind besser, als wenn jedes Familienmitglied nur vor dem PC oder Smartphone sitzt.
- Geschenke sind liebevolle Gesten, die die gemeinsame Zeit jedoch nicht ersetzen. Suche das Gespräch, vereinbare regelmäßig Termine, die nur der Familie für eine Gesprächsrunde dienen. Nur so können wir erkennen, wie es um das Wohlbefinden der Familie wirklich bestimmt ist.

- Betrachte jede Krise als Geschenk, die gemeinsam in der Familie durchgestanden werden muss. Hole Dir Hilfe ein, wenn die Familie schwere Trauer oder Trennungen zu verarbeiten hat. Hier können Außenstehende ebenso helfen wie ein Profi.
- Zeige, wie wichtig Dir die Familie ist, indem Du jeden so akzeptierst, wie er ist. Lerne, dem anderen zu vergeben und schmiede im Kreise der Familie gemeinsame Zukunftspläne, hinter denen alle Mitglieder stehen können.
- Sei offen und ehrlich gegenüber allen Mitgliedern der Familie. Heimtückische Aktionen unter den wichtigsten Personen in Deinem Leben oder Lügen führen auf Dauer zum Ruin der Familie. Jeder, der Achtsamkeit und Liebe zeigt, verabscheut negative Aktionen und ist offen und ehrlich gegenüber den Liebsten.
- Sorge dafür, dass alle Familienmitglieder die richtige Portion an Schlaf tanken, die für die Gesundheit so wichtig ist. Gerade mit kleinen Kindern ist dies nicht immer einfach. Deshalb gilt es, die „Nachtschicht“ unter den Elternteilen aufzuteilen oder sich fremde Hilfe zu holen, damit das Nervenkostüm der Eltern nicht unnötig

strapaziert wird. Wer springt gerne als Babysitter ein und welche Mitglieder der Familie können dabei helfen, den Alltag so zu organisieren.

- Sorge dafür, dass im Familienalltag viel gealbert und gelacht wird. Tobe mit den Kleinen im Garten und achte darauf, dass die Eltern mit den Kindern viel Zeit mit Lachen und Spaß verbringen, die in unvergesslicher Erinnerung bleiben werden.
- Perfektionismus ist, wie Multitasking ebenfalls, Gift für den Alltag vieler Mütter. Viele Frauen möchten allen Aufgaben gerecht werden. Sie zerbrechen regelrecht an dem Gedanken, alles perfekt machen zu wollen und bringen sich dadurch nicht selten in den seelischen Ruin.

Extra-Tipp für Mütter

Wie bereits unter dem Punkt Perfektionismus geschildert, zerbrechen viele Mütter an der Doppelbelastung im Job und in der Familie. Organisatorisches rund um die Familie bleibt auch heute noch oft an der Mutter hängen, die sich außerdem gerne um die Kinder kümmert und auch im Job ihre „Frau stehen will.“ Gleichberechtigung bedeutet aber, dass auch Männer Erziehungszeiten nutzen, um sich sinnvoll für die Kinder zu engagieren und sich auch im Haushalt aktiv an den Arbeiten zu beteiligen. Klischee hin oder her: Nicht alle Frauen müssen kochen, waschen, putzen, die Vokabeln der Hausaufgaben der Kleinen abfragen und sich noch um die Organisation der Termine aller Familienmitglieder zu kümmern. Gleichberechtigte Partner übernehmen teilen sich die anstehenden Aufgaben die ein Familienleben mit sich bringt. Der sich überfordert fühlende Partner kann lernen, vom Perfektionismus loszulassen und Aufgaben zu delegieren. Zu stark ausgeprägter Perfektionismus ist nicht nur übertrieben, sondern alles andere als sinnvoll im Sinne des Resilienz-Trainings. Manchmal muss man einfach die 5 gerade sein lassen, um Ruhe und Gelassenheit zu finden.

Kein Partner sollte in einer erfüllt ausgelebten Beziehung über- oder unterfordert sein. Das aktive Zuhören und aufmerksame Hinhören in der Partnerschaft oder außerhalb der Beziehung ist wichtig. Jeder kann dies lernen.

Resümee

Genieße es, dass die innere Stärke innerhalb der Familie gefördert wird. Eine Familie bedeutet im Normalfall ein ideales Netzwerk, um seine Resilienz zu intensivieren. Achte darauf, dass alle am gleichen

Strang ziehen. Das Leben ist bei jedem einzelnen Familienmitglied nicht selten von Höhen und Tiefen gekennzeichnet. Gemeinsam ausgetragene Krisen stärken das Gefühl der Zusammengehörigkeit. Zeige, dass man sich in schweren Zeiten unterstützt und jeder die Verantwortung auch für den anderen trägt, der gerade eine schwere Zeit durchleben muss.

Resilienz im Beruf

Resilienz-Training in großen Konzernen: Fluch oder Segen?

Im Zeitalter unserer schnelllebigen Gesellschaft wissen Großkonzerne längst, dass Prävention der beste Schutz dafür ist, den Ausbruch von langwierigen, schweren Krankheiten zu verhindern. Fehlen Mitarbeiter aufgrund von Burnout viele Monate, können diese nicht einfach so ersetzt werden, da gerade solche Angestellte oft Spitzen-Positionen einnehmen. So ist es also in aller Munde: Das große Resilienz-Training, das in regelmäßigen Abständen in Seminaren, die der Arbeitgeber bezahlt, angeboten wird.

An dieser Stelle gilt es nicht zu beurteilen, ob sich der Besuch eines solchen Fachseminars lohnt. Sicher liegt der Erfolg von jedem Workshop nur darin, mit welcher Einstellung und anschließender Tatkraft, Dinge wirklich verändern zu wollen, die Mitarbeiter diese Art der Seminare besuchen. Unterstellen wir einmal, der Coach oder Trainer führt das Seminar mit idealen Anregungen für die Praxis gut durch. Dann liegt es immer noch an jedem Kollegen selbst, ob er sein Leben wirklich schützen will, dass es nicht zum Ausbruch von psychischen Erkrankungen kommen wird.

Stress-Management – die Widerstandsfähigkeit zu finden – Resilienz-Training: Egal, wie das Kind auch beim Namen getauft ist: Du alleine kannst alle Ressourcen in Dir neu entdecken. Es liegt an Dir und an Deiner Einstellung, damit Dich der große Stress des Lebens nicht krank macht. Genau aus diesem Grunde geht es jetzt mit zahlreichen Tipps und Tricks in die Praxis. Finde Deinen Lebensweg. Entdecke die Möglichkeiten, Dich selbst innerlich zu stärken und dabei resilienter zu werden. Stress-Management – ein Zauberwort der heutigen Zeit? Ja – doch diesen Zauber kannst auch Du finden – und Deinem Leben hierbei ganz neuen Sinn verleihen!

Praxistipps im Beruf

Viele Tipps rund um die Resilienz sind in diesem Buch schon vorgestellt. Dennoch stelle ich Dir jetzt konkrete Möglichkeiten vor, die Du im Sinne der richtigen Work-Life-Balance unbedingt nutzen solltest. Ergreife die Chance zur Veränderung!

- Verbringe Deine Mittagspause an der frischen Luft und ernähre Dich gesund.

- Setze Dir Pausen und Auszeiten. Nur so kannst Du voller Power wieder den Anforderungen im Alltag gerecht werden.
- Zeige, dass Du Nein sagen kannst und lerne, Dinge zu delegieren, die Du nicht unbedingt selbst durchführen musst.
- Setze Prioritäten und denke nicht, dass Du im „Multitasking“ viele Aufgaben gleichzeitig bewältigen kannst. Mit der Eisenhower-Methode, in der Du das Unwichtige vom Wichtigen unterscheidest und nach Dringlichkeiten festlegst, hast Du ein aktives Instrument, um die Zeit sinnvoll zu strukturieren. Außerdem gibt es weitere Ideen wie die Pomodoro-Technik, in der Du Dir bewusst den Wecker für Pausen stellst. Auch in der Die Ivy-Lee-Methode
- findest Du eine Möglichkeit, strukturiert und nach Plan zu arbeiten und dabei effektiv und effizient den Alltag zu meistern. An diesen Beispielen erkennst Du: Es liegt an Dir, selbst eine Strategie zu entfalten, damit Du mithilfe von aktivem Zeitmanagement nicht zu sehr unter Druck gerätst. Zu effektivem Zeitmanagement gibt es weiterführende Literatur.
- Finde eine Strategie, damit Du am Abend abschalten kannst. Wenn der Ärger, den Du aus

dem Büro mitnimmst, Deinen Schlaf negativ beeinflusst, ist es höchste Zeit etwas dagegen zu unternehmen. Naturkräuter in Form von Tee können dabei helfen.

- Entferne Dich regelmäßig von der Arbeit am Bildschirm, damit Du wieder zur Ruhe kommen kannst.
- Genieße den Plausch mit den Kollegen, ohne Dich in Büro-Tratsch verwickeln zu lassen. Ein solides soziales Netzwerk ist in den meisten Firmen erwünscht.
- Arbeite gerne oder ändere Situationen rund um den Job. Fest steht: Wer nicht zu 70 % gerne und mit einer positiven Einstellung arbeitet, sollte über eine Veränderung der Arbeitsbedingungen nachdenken.
- Verfestige Dich nicht in zu vielen Gedanken und lerne aus Deinen Erfahrungen. Manchmal ist es gut, einfach mal loszulegen und selbst dabei viel zu lernen, als seine Zeit mit endlosen Grübeleien zu verschwenden.
- Schreibe Dir wichtige Gedanken auf, denn eines steht unumstritten fest: Wer schreibt, der bleibt. Somit manifestieren sich viele wichtige Prioritäten in Deinem Kopf und Du findest mehr Freiräume für die Verwirklichung von wichtigen Zielen.

- Lerne aus Fehlern und verzweifle nicht an ihnen. Hake Dinge ab, die Du nicht ändern kannst und hänge der Vergangenheit von Terminen, die nicht nach Deiner Vorstellung verlaufen sind, nicht zu lange gedanklich nach.
- Achte darauf, dass Du viel Kraft in Hobbys, Familie oder Freunden findest, die Dir den richtigen Ausgleich für die Strapazen im Job schenken. Sorge für den Ausgleich zum Abschalten, den jeder von uns braucht.
- Schreibe einen Brief an Dich selbst mit beruflichen Zielen, die Du in einem Jahr erreichen willst. Lege Dir diesen Brief nach einem Jahr vor, um Dich selbst zu reflektieren. Schriftlichkeit – sie schafft einfach Verbindlichkeit gegenüber Dir selbst.
- Setze Deine Ressourcen so ein, damit es Dich selbst voranbringt. Verschwende zum Beispiel keine Zeit mit endlosen Telefonaten mit permanent jammernden Kollegen, die nur ihr Leid bei Dir abladen möchten.
- Bilde Dich weiter, besuche Seminare und lass Dich von einem Coach inspirieren, damit Du mehr Elan im Job findest.
- Hänge Dir einen Flipchart oder ein Whiteboard ins Büro, auf dem Du Deine Ziele manifestierst. Wo willst Du in 2, 5 oder 10 Jahren in Deinem

beruflichen Werdegang stehen? Ein systematischer Zeitstrahl kann hier kleine Wunder bewirken.

- Hinterfrage Deine Arbeitsweise und warum Du ggf. unzufrieden im Job bist. Was kannst Du verändern und positiv dazu beitragen, dass Du mehr Power im Job findest? Viele Umstände können wir Menschen nicht ändern. Allerdings kannst Du Dich selbst verändern. Treffe die richtigen Entscheidungen – denn letztendlich sollte die Freude am Beruf deutlich dem Gedanken daran, Geld verdienen zu müssen, überwiegen.

„Wähle einen Beruf, den Du liebst, und Du brauchst keinen Tag in Deinem Leben mehr zu arbeiten.“

- Konfuzius -

Resümee

Wir verbringen viel Zeit im Job. Genau deshalb solltest Du hier dem Stress-Aufkommen so gerecht werden, dass es Deiner Seele dient und nicht, dass es Dich belastet. Arbeit ist mehr als nur Mittel zum Geldverdienen. Sehe Deinen Job als Geschenk, in dem Du Deine Stärken so gut wie möglich ausleben darfst.

Ausblick

„Bei Vorbildern ist es unwichtig, ob es sich dabei um einen toten Dichter, um Mahatma Gandhi oder um Onkel Fritz aus Braunschweig handelt, wenn es nur ein Mensch ist, der im gegebenen Augenblick ohne Wimpernzucken gesagt oder getan hat, wovor wir zögern!"

Erich Kästner bringt es in seinem Zitat auf den Punkt: Du alleine kannst Dich dafür entscheiden, Deine innere Stärke und Deinen Seelenfrieden mithilfe von Vorbildern zu finden. Dieses Buch kann nur sinnvoll sein, wenn Du selbst aktiv wirst. Zögere nicht – verändere Dein Leben. Nur was wir innerhalb von 72 Stunden in unserem Leben aktiv ausprobieren, manifestiert sich auch in unserem Geist. Beginne also sofort damit Deine Resilienz zu trainieren.

Sehe Dein Leben als kleine „Arbeit" - als Arbeit, die Dich stolz stimmt. Persönlichkeitsentwicklung, die Du für Dein Wohlbefinden einsetzt und die Dich vor dem Ausbruch von Depressionen und Burnout schützt, ist in der Tat ein klein wenig Arbeit. Doch so gewinnst Du innere, mentale Stärke, die als unüberwindbarer Fels in der Brandung steht.

Resilienz heißt: Dankbarkeit, Achtsamkeit, Entschleunigung und Wachsamkeit gegenüber Umwelt, Natur und vor allem gegenüber Dir selbst. Welche Ideen möchtest Du jetzt schon ausprobieren? Egal, welche Tipps Du beherzigst und in Deinen Alltag integrierst: Glaube an Deinen Erfolg. Positives Denken versetzt Berge. Du schaffst alles, was Du willst. Schon jetzt wünsche ich Dir dabei: Viel Kraft, Spaß und Erfolg!

„Das wichtigste ist, dein Leben zu genießen - glücklich zu sein - das ist alles, was zählt.

- Audrey Hepburn -

In eigener Sache:

Ich bedanke mich herzlich für das Lesen meines Buches. Ich würde mich sehr freuen, wenn Du mir eine Bewertung auf Amazon hinterlassen würdest.

Haftungsausschluss

Die Umsetzung aller enthaltenen Informationen, Anleitungen und Strategien dieses E-Books erfolgt auf eigenes Risiko. Für etwaige Schäden jeglicher Art kann der Autor aus keinem Rechtsgrund eine Haftung übernehmen. Für Schäden materieller oder ideeller Art, die durch die Nutzung oder Nichtnutzung der Informationen bzw. durch die Nutzung fehlerhafter und/oder unvollständiger Informationen verursacht wurden, sind Haftungsansprüche gegen den Autor grundsätzlich ausgeschlossen. Ausgeschlossen sind daher auch jegliche Rechts- und Schadensersatzansprüche. Dieses Werk wurde mit größter Sorgfalt nach bestem Wissen und Gewissen erarbeitet und niedergeschrieben. Für die Aktualität, Vollständigkeit und Qualität der Informationen übernimmt der Autor jedoch keinerlei Gewähr. Auch können Druckfehler und Falschinformationen nicht vollständig ausgeschlossen werden. Für fehlerhafte Angaben vom Autor kann keine juristische Verantwortung sowie Haftung in irgendeiner Form übernommen werden.

Bei schwerwiegenden psychischen Problemen kontaktieren Sie bitte einen Arzt oder Psychologen.

Urheberrecht

Impressum

1. Auflage

Kontakt:

Nora Sandberg

c/o AutorenServices.de
Birkenallee 24
36037 Fulda

Printed in Great Britain
by Amazon

37399712R00068